Μικρές Ιστορίες
σε Απλά Ελληνικά

1º ΕΠΙΠΕΔΟ

Ποιος είναι ο Α.Μ.;

Pios ine o A.M.?

εκδόσεις δέλτος

Τίτλος πρωτοτύπου: Radio Lina, Al. De Giuli, C. M. Naddeo
Τίτλος βιβλίου: Ποιος είναι ο Α.Μ.;

Μετάφραση από τα ιταλικά: Roberta Teo
Διασκευή: Κλεάνθης Αρβανιτάκης

© Copyright Ε. Αρβανιτάκη και Σία Ο.Ε. για τη διασκευή
στα ελληνικά σε συνεννόηση με τις εκδόσεις ALMA, Φλωρεντία
ISBN 978-960-7914-08-8
Πρώτη έκδοση: Απρίλιος 1998
7η Ανατύπωση: Οκτώβριος 2017

Επιμέλεια έκδοσης και εξώφυλλο: Κλεάνθης Αρβανιτάκης
Σελιδοποίηση: Ελένη Σγόντζου
Σκίτσα: Στέλιος Σκούρτης
Εκτύπωση και βιβλιοδεσία: Φωτόλιο-Typicon A.E.

Εκδόσεις Δέλτος, Πλαστήρα 69, 17121 Νέα Σμύρνη, Ελλάς
Deltos Publishing, 69 Plastira St., 17121 Nea Smyrni, Athens, GR
tel: +30210 9322393   www.deltos.gr   info@deltos.gr

Απαγορεύεται η αναδημοσίευση ή αναπαραγωγή του έργου αυτού στο
σύνολό του ή σε τμήματα, χωρίς γραπτή άδεια του εκδότη, τόσο στο
πρωτότυπο, όσο και σε μετάφραση ή διασκευή, σύμφωνα με τις διατάξεις του ν. 2121/1993 και της Διεθνούς Σύμβασης Βέρνης-Παρισιού,
που κυρώθηκε με τον ν. 100/1975.

Επίσης απαγορεύεται η αναπαραγωγή χωρίς γραπτή άδεια του εκδότη
της φωτοστοιχειοθεσίας, της σελιδοποίησης, του εξωφύλλου και γενικά
της αισθητικής εμφάνισης του βιβλίου με οποιαδήποτε τεχνική μέθοδο
ή μέσο, σύμφωνα με το άρθρο 51 του ν. 2121/1993.

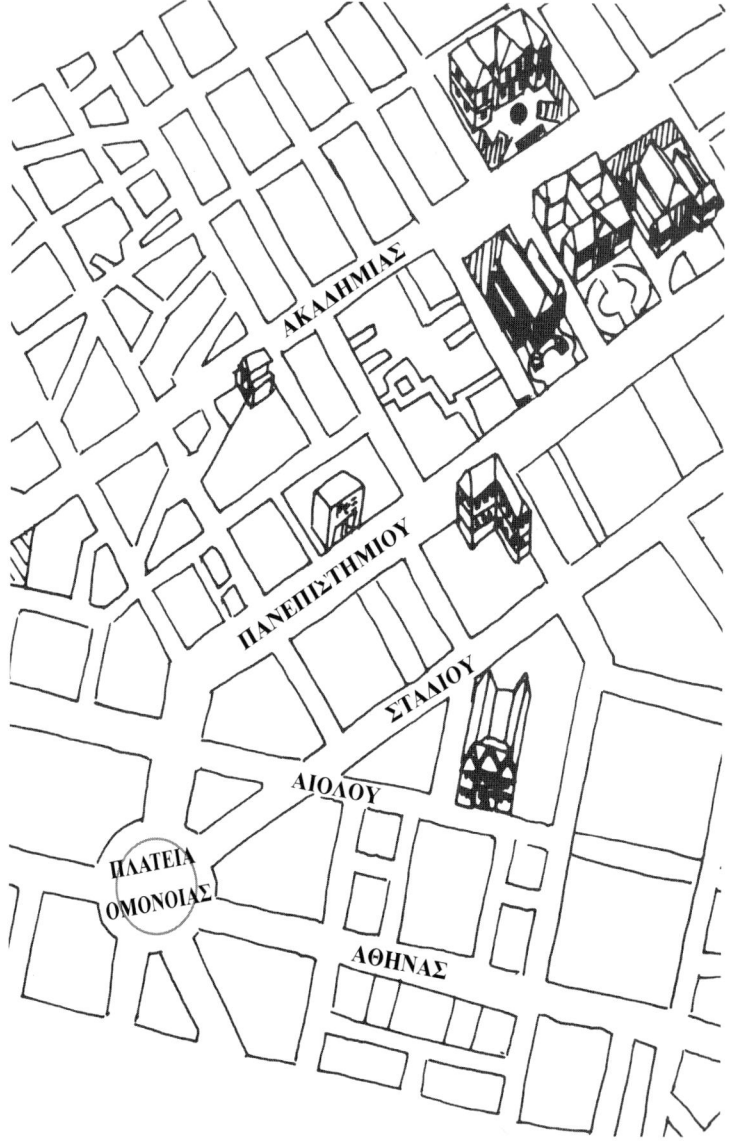

ΜΕΡΟΣ ΠΡΩΤΟ

Κατερίνα

«ΕΛΛΗΝΙΚΟ ΤΡΑΓΟΥΔΙ ΣΤΑ FM. Καλημέρα σ' όλους σας απ' την Κατερίνα. Η ώρα είναι δέκα το πρωί στην Αθήνα.
Η Κατερίνα είναι μια κοπέλα είκοσι δύο χρονών με ξανθά μαλλιά και πράσινα μάτια. Δουλεύει στον ραδιοφωνικό σταθμό ΕΛΛΗΝΙΚΟ ΤΡΑΓΟΥΔΙ ΣΤΑ FM και στις δέκα η ώρα αρχίζει τη δουλειά της.
«Σας αρέσει αυτή η **τραγουδίστρια**;» ρωτάει. Από το ραδιόφωνο φτάνουν τα **λόγια** από ένα τραγούδι της Άννας Βαρδή:

'Ίσως δεν είσαι η πρώτη μου αγάπη αλλά κάτι μου λέει πως είσαι η τελευταία...'

«Απόψε η Άννα Βαρδή δίνει μια **συναυλία** στο θέατρο ΡΕΞ» λέει η Κατερίνα. «Τηλεφωνήστε μας και πείτε τη **γνώμη** σας. Σήμερα θα μιλήσουμε για κάποιες ελληνίδες τραγουδίστριες που...»
ντριν, ντριν... το τηλέφωνο. Η Κατερίνα απαντάει.
«Λέγετε, παρακαλώ.»
«Καλημέρα. Με λένε Γιώργο.»
«Καλημέρα, Γιώργο. Τι κάνεις;»
«Καλά, ευχαριστώ. Μπορώ να πω κάτι για τις τραγουδίστριες, γενικά;»

τραγουδίστρια αυτή που η δουλειά της είναι να τραγουδάει
λόγια αυτά που λέμε
συναυλία μουσική μπροστά σε κόσμο
γνώμη αυτό που νομίζεις ή πιστεύεις

«Βέβαια. Σε ακούμε, Γιώργο.»
«Λοιπόν, θέλω να πω ότι οι ελληνίδες τραγουδίστριες είναι πολύ καλές αλλά...»
«Αλλά;» ρωτάει η Κατερίνα.
«Να... δεν έχουν **πάθος.**»
«Εντάξει, Γιώργο. Ευχαριστώ.»

Ίσως δεν είσαι η πρώτη μου αγάπη αλλά κάτι μου λέει πως είσαι η τελευταία...'

Πάλι **χτυπάει** το τηλέφωνο.
«Ναι;»
«Γεια σας. Είμαι η Αθηνά.»
«Γεια σου, Αθηνά. Από πού παίρνεις;»
«Απ' την Πάτρα. Δε συμφωνώ με τον Γιώργο. Πολλές τραγουδίστριες έχουν πάθος. Η Άννα Βαρδή, για παράδειγμα, τραγουδάει με πολλή **ζωντάνια** και τα τραγούδια της είναι πολύ ωραία. Γι' αυτό απόψε θα πάω στη συναυλία της.»
«Με ποιον θα πας στη συναυλία;»
«Με δυο φίλες μου.»
«Μόνο γυναίκες;»
«Ναι, δε θέλουμε άντρες απόψε μαζί μας.»
«Λοιπόν, στις τρεις το μεσημέρι η Άννα Βαρδή θα είναι εδώ στο στούντιο για μια **συνέντευξη**. Τα ραδιόφωνά σας ανοιχτά, έτσι;»

ζωντάνια δύναμη, ενέργεια
συνέντευξη ερωτήσεις που κάνει ένας δημοσιογράφος σε ένα άτομο και οι απαντήσεις που παίρνει

 χτυπάει (το τηλέφωνο)

'Ίσως δεν είσαι η πρώτη μου αγάπη αλλά κάτι μου λέει πως είσαι η τελευταία...'

Η Κατερίνα απαντάει και σε άλλα τηλεφωνήματα. Σε λίγο είναι ώρα για **διαφημίσεις.**

'Θέλετε να μάθετε αγγλικά; Ελάτε στο φροντιστήριο «Το Λονδίνο κοντά σας» στο Κολωνάκι, Καρνεάδου 35. Μαθήματα κάθε μέρα από τις εννιά το πρωί ώς τις εννιά το βράδυ.'

*'Σας αρέσουν τα σπορ; Σας αρέσει το μπάσκετ; Τότε αγοράστε αθλητικά παπούτσια ΑΦΙΛΑΣ, τα παπούτσια που φοράνε οι **πρωταθλητές**.'*

Μανόλης

Στη μία και μισή η Κατερίνα πηγαίνει για φαγητό σε μια ταβέρνα στην οδό Εμμανουήλ Μπενάκη. Όπως πάντα, αυτή την ώρα η ταβέρνα έχει πολύ κόσμο. Ένας νεαρός με μαύρα μαλλιά κάθεται σ' ένα τραπέζι δίπλα στο παράθυρο. Είναι μόνος. Η **θέση** απέναντί του είναι ελεύθερη.

«Μπορώ να καθίσω εδώ;» ρωτάει η Κατερίνα.

«Βεβαίως» απαντάει ο νεαρός.

Είναι ψηλός κι έχει μεγάλα μαύρα μάτια.

«Με λένε Μανόλη» λέει ο νεαρός. «Εσένα;»

«Κατερίνα.»

διαφήμιση πληροφορίες από το ραδιόφωνο,
την τηλεόραση κτλ. για κάτι καινούργιο στην αγορά
πρωταθλητής πρώτος σ' έναν αγώνα
θέση καρέκλα, κάθισμα

«Είσαι απ' την Αθήνα;»
«Ναι.»
«Εγώ είμαι από την Κρήτη. Απ' τα Χανιά. Δουλεύω σ' ένα **δισκάδικο**.»
«Σ' αρέσει η δουλειά σου;»
«Ναι, αλλά δουλεύω πολλές ώρες.»
«Έλα, τώρα! Πουλάς δίσκους, μιλάς για μουσική όλη τη μέρα, τι άλλο θέλεις;»
«Δεν έχω αρκετό ελεύθερο χρόνο. Είμαι στο μαγαζί δέκα ώρες τη μέρα, από τη Δευτέρα μέχρι το Σάββατο. Εσύ δουλεύεις;»
«Ναι. Είμαι **παραγωγός** σ' έναν ραδιοφωνικό σταθμό.»
«Ωραία! Ξέρεις λοιπόν όλους τους τραγουδιστές.»
«Βέβαια. Σήμερα, για παράδειγμα, θα πάρω συνέντευξη από την Άννα Βαρδή.»
Έρχεται ο **σερβιτόρος.**
«Τι θα πάρετε;»
«Ένα μοσχάρι **κοκκινιστό** και μια σαλάτα» λέει η Κατερίνα.
«Θα πιείτε κάτι;»
«Μια μπίρα ΜΥΘΟΣ. Κρύα, σας παρακαλώ.»
«Εντάξει. Έρχομαι αμέσως.»
«Λοιπόν; Το βράδυ θα πας στη συναυλία;» ρωτάει ο Μανόλης.
«Ναι. Εσύ;»
«Κι εγώ θα πάω. Βέβαια, προτιμώ άλλο είδος μουσική.»

δισκάδικο μαγαζί που πουλάει CD και δίσκους
παραγωγός αυτός που φτιάχνει ένα πρόγραμμα στο ραδιόφωνο ή στην τηλεόραση
κοκκινιστό με κόκκινη σάλτσα

σερβιτόρος

«Ποιο;»
«Ξέρεις τη μουσική της Ελένης Αρβανίτη;»
«Την ξέρω. Και μ' αρέσει πολύ.»
«Έχω το τελευταίο της CD. Λέγεται 'Θυμάμαι εκείνο το βράδυ'.»
Ο Μανόλης παίρνει την τσάντα του από κάτω αλλά εκείνη τη στιγμή φτάνει ο σερβιτόρος με το κοκκινιστό.
«Πρόσεχε!»
Αλλά είναι πολύ αργά, το πιάτο με το κοκκινιστό **πέφτει** πάνω στο πουκάμισο του Μανόλη.
«Χίλια συγνώμη» λέει ο σερβιτόρος.
«Είναι αρκετά ζεστό;» ρωτάει η Κατερίνα γελώντας.
«Εσύ **γελάς**» λέει ο Μανόλης. «Εγώ όμως πώς θα πάω στη δουλειά μ' αυτή την κόκκινη σάλτσα στο πουκάμισό μου;»
Ο Μανόλης πάει στην τουαλέτα να καθαρίσει το πουκάμισό του. Όταν γυρίζει, η ώρα είναι δύο και τέταρτο.»
«Είναι αργά, πρέπει να πάω στη δουλειά. Λοιπόν, θα σε δω απόψε στη συναυλία;»
«Σύμφωνοι. Στις εννιά θα είμαι στο μπαρ απέναντι από το θέατρο, στην οδό Πανεπιστημίου.»

πέφτω κατεβαίνω απότομα

γελάω

Ένα περίεργο σημείωμα

Το απόγευμα η Κατερίνα είναι στον σταθμό και περιμένει την Άννα Βαρδή για τη συνέντευξη. Χτυπάει το τηλέφωνο.
«Ναι; Είμαι η Άννα Βαρδή. Μπορώ να μιλήσω με την Κατερίνα;»
«Εγώ είμαι. Τι κάνεις, Άννα;»
«Έχω ένα πρόβλημα. Δεν μπορώ νά' ρθω το απόγευμα στον σταθμό γιατί **χάλασε** το αυτοκίνητό μου.»
«Γιατί δεν παίρνεις ένα ταξί;»
«Κοίτα, βρίσκομαι έξω από τη Χαλκίδα, στην Εθνική Οδό. Δεν μπορώ να βρω ταξί εδώ.»
«Τότε, θα κάνουμε τη συνέντευξη απόψε, μετά τη συναυλία. Εντάξει;»
«Εντάξει... Εε, Κατερίνα, περίμενε μισό λεπτό. Είναι εδώ κάποιος και κάτι θέλει να μου πει.»
«**Θαυμαστής** σου είναι;»
«Δε νομίζω. Κρατάει ένα **σημείωμα**... που λέει... :
'Φτάνει πια η κακή μουσική. Α.Μ.' »
«Α.Μ.; Και τι σημαίνει αυτό;»
«Ίσως είναι το όνομά του. Ξέρω 'γώ;»
«Μα πώς είναι αυτός ο άντρας; Νέος; Μεγάλος;»
«Δεν ξέρω. Είναι ψηλός αλλά φοράει **κράνος** και δεν μπορώ να δω το πρόσωπό του. Τώρα φεύγει.»

χαλάει *(αόριστος: χάλασε)* δεν δουλεύει
θαυμαστής αυτός που του αρέσει πολύ ένας τραγουδιστής
σημείωμα γράμμα με λίγες λέξεις

κράνος

«Τι να σου πω; Πολλοί **τρελοί κυκλοφορούν** σήμερα.»
«Έχεις δίκιο. Λοιπόν, σ' αφήνω τώρα. Θα τα πούμε απόψε μετά τη συναυλία.»
«Εντάξει. Γεια σου.» *Περίεργο*, σκέφτεται η Κατερίνα.

Στο δισκάδικο

Την ίδια στιγμή ο Μανόλης είναι στο δισκάδικο και δουλεύει. Αυτή την ώρα έχει πάντα πολύ κόσμο.
«Έχετε το τελευταίο CD του Αλκιβιάδη;» ρωτάει ένα **δεκαπεντάχρονο** κορίτσι.
«Του Αλκιβιάδη;» ρωτάει ο Μανόλης. «Ποιος είναι αυτός; Δεν τον ξέρω.»
«Τον Αλκαίο θέλει να πει» λέει μια φίλη της.
«Όχι, όχι, Αλκίνοος είναι. Αλκίνοος Ιωάννου» λέει μια άλλη.
«Πώς τον λένε τελικά;» ρωτάει ο Μανόλης αλλά τα κορίτσια δεν απαντάνε. Είναι εφτά φίλες αλλά καμιά δεν ξέρει τι ακριβώς θέλει ν' αγοράσει.
Στο μαγαζί **είναι** και δύο αγόρια **ντυμένα** στα μαύρα με πολύ κοντά μαλλιά. Θέλουν κι οι δυο ν' αγοράσουν ένα παλιό βινύλιο με μουσική «πανκ», το τελευταίο που υπάρχει.
«Δικό μου είναι» λέει το ένα αγόρι.

τρελός αυτός που έχει ψυχολογικά προβλήματα
κυκλοφορώ πηγαίνω από το ένα μέρος στο άλλο
δεκαπεντάχρονο που είναι δεκαπέντε χρονών
είμαι ντυμένος φοράω

«Όχι, λέει το άλλο, είναι δικό μου.»
«Ρε, μαλάκα, σου λέω ότι αυτός ο δίσκος είναι δικός μου. Κατάλαβες;»
Δίπλα τους στέκεται ένας **ηλικιωμένος** κύριος με άσπρα μαλλιά και ακούει τον καβγά:
«Φτάνει πια! **Παλιόπαιδα!**» λέει και ξαφνικά παίρνει τον δίσκο και **χτυπάει** το ένα αγόρι στο κεφάλι. Μία, δύο φορές.
«Φτάνει πια. Κι εσείς κι αυτή η άσχημη μουσική» λέει ο ηλικιωμένος κύριος καθώς χτυπάει και το δεύτερο αγόρι.
«Μα τι κάνετε;» φωνάζει ο Μανώλης. «Σταματήστε!»
«Φτάνει. Φτάνει αυτή η κακή μουσική που ακούτε εσείς οι νέοι» λέει πάλι ο ηλικιωμένος με τα άσπρα μαλλιά.
«Συγνώμη, μα ποιος είστε;» ρωτάει ο Μανώλης.
«Είμαι ο καθηγητής Αλέξανδρος Μακρής και δεν μπορώ αυτούς τους νεαρούς και τη μουσική που ακούνε συνέχεια.»
«Εσύ είσαι κακός... και τρελός!» του λέει το ένα από τα δύο αγόρια.
Μπαπ! Ο γέρος τον χτυπάει πάλι. Κανείς δεν μπορεί να σταματήσει τον καθηγητή.
«Σας παρακαλώ, **βγείτε** από το κατάστημα» λέει ο Μανώλης.

ηλικιωμένος μεγάλος στα χρόνια
παλιόπαιδο κακό παιδί
βγαίνω (*προστακτική:* βγες/βγείτε) πάω έξω

χτυπάω

«Θα φύγω όταν θέλω.»
«Θα **φωνάξω** την αστυνομία!»
«Γιατί; Ποιος είσ' εσύ;»
«Εγώ δουλεύω εδώ και δε θέλω προβλήματα εδώ μέσα.»
«Εδώ δουλεύεις; Κι έρχεσαι στη δουλειά σου έτσι;»
Ο Μανόλης κοιτάζει το πουκάμισό του.
«Είναι σάλτσα από κοκκινιστό. Σήμερα στο εστιατόριο...»
«Καλά, καλά.»
Ο ηλικιωμένος παίρνει ένα CD με παλιά τραγούδια του Γιάννη Σπανού.
«Πόσο έχει αυτό το CD;»
«15 ευρώ.»
«Αυτή είναι μουσική» λέει ο καθηγητής. Πληρώνει και φεύγει.
Τα πράγματα είναι πάλι ήσυχα στο μαγαζί αλλά αμέσως τα εφτά κορίτσια ξαναρχίζουν.
«Λοιπόν, έχετε το CD του Σπαντιδάκη που...;»
«Ποιανού;»
«Του Σπανουδάκη λέει.»
«Όχι, όχι του Σφακιανάκη.»
Ίσως πρέπει ν' αλλάξω δουλειά σκέφτεται ο Μανόλης.

φωνάζω (*απλός μέλλοντας: θα φωνάξω*)
λέω σε κάποιον να έρθει

Η Άννα Βαρδή φοβάται

Στο Θέατρο ΡΕΞ έχει πολύ κόσμο. Είναι εννιά και μισή το βράδυ και όλοι περιμένουν την Άννα Βαρδή. Εκεί είναι και ο Μανόλης με την Κατερίνα. Ο νεαρός τής λέει την **περιπέτειά** του με τον καθηγητή Μακρή και η Κατερίνα γελάει.
«Μ' αρέσει αυτός ο τύπος. Αλήθεια, δεν ξέρεις ποιος είναι;»
«Όχι. Έρχεται καμιά φορά στο μαγαζί και αγοράζει CD ή δίσκους. Ένας φίλος μου λέει ότι είναι παλιός μουσικός.»
«Ενδιαφέρον...»
«Ενδιαφέρον αλλά ο τύπος είναι τρελός.»
«Τρελός. Γιατί;»
«Δεν ξέρω. Ο φίλος λέει ότι έχει ψυχολογικά προβλήματα. Α, κοίτα, αρχίζει η συναυλία.»
Όλα είναι έτοιμα. Η Άννα Βαρδή ανεβαίνει στη σκηνή και **χαιρετάει** τον κόσμο. Έπειτα λέει:
«Φίλοι μου, έχω άσχημα νέα. Κάποιος που δεν του αρέσουν τα τραγούδια μου, θέλει να πεθάνω. Φοβάμαι, φοβάμαι πολύ. Νομίζω ότι αυτός ο άνθρωπος λέγεται Α.Μ. Λυπάμαι αλλά απόψε δε θα τραγουδήσω.»
Γίνεται πολλή **φασαρία** κι όλοι φωνάζουν. Η Άννα Βαρδή φεύγει.

περιπέτεια ιστορία με προβλήματα
χαιρετάω λέω σε κάποιον "γεια σου"
φασαρία θόρυβος, όταν μιλάνε όλοι μαζί

«Πάλι αυτός ο Α.Μ.» λέει η Κατερίνα.
«Ποιος Α.Μ.;» ρωτάει ο Μανόλης.
Η Κατερίνα του λέει για το τηλεφώνημα που της έκανε η Άννα Βαρδή. Του λέει για τον άνθρωπο με το κράνος και το σημείωμα.
«Κατάλαβα» λέει ο Μανόλης. «Και τώρα τι κάνουμε; Πάει η συναυλία και η ώρα είναι μόνο εννιά και μισή.»
Εκείνη τη στιγμή από ψηλά πέφτουν σ' όλο το θέατρο πολλά χαρτιά. Τα χαρτιά λένε:

Φτάνει πια η κακή μουσική.
Όχι άλλα φτηνά τραγούδια.
Αν η Άννα Βαρδή δεν θέλει να πεθάνει,
δεν πρέπει να ξανατραγουδήσει.

Α.Μ.

Αλέξανδρος Μακρής

Δέκα λεπτά αργότερα ο Μανόλης και η Κατερίνα βρίσκονται στο μπαρ απέναντι από το θέατρο.
«Τι θα πάρεις;» ρωτάει ο Μανόλης.
«Έναν χυμό πορτοκάλι. Εσύ;»
«Εγώ θα ήθελα έναν καφέ.»
«Ο καφές δεν κάνει καλό αυτή την ώρα» λέει ένας

ηλικιωμένος κύριος. «Εσείς οι νέοι δεν ξέρετε πώς να ζήσετε σωστά.»
«Τι είπατε;» ρωτάει ο Μανόλης.
Ο ηλικιωμένος δεν απαντάει και βγαίνει από το ζαχαροπλαστείο.
«Μα είναι τρελός;» ρωτάει η Κατερίνα.
«Ναι» λέει ο Μανόλης. «Αυτός είναι ο καθηγητής Αλέξανδρος Μακρής.»
«Και τι δουλειά έχει εδώ;»
«Πού να ξέρω; Ίσως ήταν κι αυτός στο θέατρο. Αλλά αφού δεν του αρέσει αυτή η μουσική... δεν καταλαβαίνω...»
«Εγώ καταλαβαίνω τα πάντα» λέει η Κατερίνα. «Κοίταξε το σημείωμα.»
Ο Μανόλης διαβάζει ξανά:

'Φτάνει πια η κακή μουσική. Όχι άλλα φτηνά τραγούδια...'

«Τι θέλεις να πεις;»
«Κοίτα την **υπογραφή:** Α.Μ., δηλαδή Αλέξανδρος Μακρής»
«Πιστεύεις ότι ο καθηγητής και ο Α.Μ. είναι το ίδιο πρόσωπο;»
«Ακριβώς» λέει η Κατερίνα.
Ο Μανόλης πίνει αργά τον καφέ του. Για λίγα δευτερόλεπτα **μένει σιωπηλός.** Έπειτα λέει:

υπογραφή όνομα κάτω κάτω σ' ένα γράμμα
μένω σιωπηλός δεν μιλάω καθόλου, δεν λέω τίποτε

«Όχι, είναι αδύνατον.»
«Γιατί;»
«Γιατί ένας άνθρωπος δεν μπορεί να είναι την ίδια στιγμή στο δισκάδικο και στη Χαλκίδα με την Άννα Βαρδή.»
«Νομίζω ότι έχουμε να κάνουμε με τρελούς» λέει η Κατερίνα. «Εγώ πάντως τώρα πρέπει να ξαναπάω στο θέατρο να βρω την Άννα Βαρδή για τη συνέντευξη.»
«Έχει πολλή φασαρία απόψε. Δε νομίζω πως είναι η κατάλληλη στιγμή για συνέντευξη.»
«Έχεις δίκιο. Ξέρεις τι θα κάνω; Θα πάω αύριο στη Χαλκίδα, στο σπίτι της. Έτσι, θα μιλήσουμε με την ησυχία μας.»
«Αν θέλεις, έρχομαι κι εγώ μαζί σου. Δεν έχω δουλειά αύριο.»
«Θαυμάσια. Ξέρεις, μια κυρία, όταν ταξιδεύει μ' έναν άντρα, αισθάνεται πιο σίγουρη» λέει η Κατερίνα **χαμογελώντας.**

χαμογελάω (-ώ)

ΜΕΡΟΣ ΔΕΥΤΕΡΟ

Στον σταθμό του τρένου

Το άλλο πρωί, στον σταθμό του τρένου, ο Μανόλης θέλει να αγοράσει δύο εισιτήρια.
«Δύο για Χαλκίδα, παρακαλώ. **Με επιστροφή**.»
«Γιατί δύο αφού είσαι μόνος;» ρωτάει ο υπάλληλος.
«Γιατί σε λίγο θα έρθει μια φίλη μου.»
«Είσαι σίγουρος; Το τρένο για Χαλκίδα φεύγει σε δέκα λεπτά και η φίλη σου μάλλον δεν θα έρθει.»
«Δώστε μου δύο εισιτήρια» λέει ο Μανόλης, «είμαι σίγουρος ότι η Κατερίνα θα έρθει σε λίγο.»
«Τη λένε και Κατερίνα... Έχω κι εγώ μια φίλη με το ίδιο όνομα που δεν έρχεται ποτέ στα ραντεβού της. Εσύ είσαι παιδί ακόμα και δεν τις ξέρεις καλά αυτές τις Κατερίνες...»
«Μπορεί» λέει ο Μανόλης «αλλά δώστε μου τα δύο εισιτήρια.»
«Κι αν δεν έρθει το κορίτσι, τι θα γίνει; Θα μου ζητάς τα λεφτά πίσω, ε;»
«Μάλλον.»
«Έτσι κάνετε όλοι, αγοράζετε δύο εισιτήρια και λέτε ότι περιμένετε μια φίλη. Έπειτα έρχεστε μόνοι και λυπημένοι και ζητάτε πίσω τα χρήματά σας.»
Και ο υπάλληλος συνεχίζει:

με επιστροφή (εισιτήριο) για να πας και να γυρίσεις

«Ξέρω τι θα κάνουμε. Θα βγάλω δύο εισιτήρια για Οινόφυτα. Έτσι, θα πληρώσεις μόνο 16 ευρώ και δε θα έρθεις να ζητάς τα λεφτά σου πίσω. Εντάξει;»
«Όχι» λέει ο Μανόλης. «Θέλω δύο εισιτήρια για Χαλκίδα.»
«Και γιατί θέλεις να πας στη Χαλκίδα; Εκεί μένεις;»
«Όχι.»
«Τότε γιατί θέλεις δύο εισιτήρια για Χαλκίδα;»
«Μα, σας παρακαλώ...»
«Πρώτα πρέπει να μου πεις γιατί πας στη Χαλκίδα.»
«Εντάξει, λοιπόν. Πάω στη Χαλκίδα με την Κατερίνα να **συναντήσουμε** την Άννα Βαρδή.»
«Την τραγουδίστρια;»
«Ναι.»
«Ψέματα λες. Δεν είναι δυνατόν μια **διάσημη** τραγουδίστρια να θέλει να μιλήσει μαζί σου.»
«Μα η Κατερίνα θα της πάρει συνέντευξη.»
«Α, είναι **δημοσιογράφος** αυτή η Κατερίνα.»
«Όχι, είναι παραγωγός σ' έναν ραδιοφωνικό σταθμό.»
«Παίζει μουσική, δηλαδή. Και από πότε τη γνωρίζεις αυτή την Κατερίνα; Από χτες ή από προχτές;»
«Εε... από χτες.»
«Βλέπεις; Εγώ τα καταλαβαίνω αμέσως αυτά. Πολλοί νέοι που **είναι ερωτευμένοι** έρχονται εδώ και ζητάνε ν' αγοράσουν δύο εισιτήρια. Και ύστερα, όταν...»
Εκείνη τη στιγμή φτάνει η Κατερίνα.

συναντώ *(υποτακτική: να συναντήσω)* βλέπω κάποιον για κάτι
διάσημος πολύ γνωστός, τον ξέρουν όλοι
δημοσιογράφος αυτός που γράφει σε μια εφημερίδα
είμαι ερωτευμένος αγαπάω κάποιον ερωτικά

«Γεια σου, Μανόλη, συγνώμη που άργησα. Βγάζεις τα εισιτήρια;»
«Ναι. Αν, βέβαια, αυτός ο κύριος θέλει...»
«Αυτή είναι η Κατερίνα;» ρωτάει ο υπάλληλος.
«Μάλιστα. Θα μου δώσετε τα εισιτήρια τώρα;»
«Βεβαίως, αμέσως» απαντάει ο υπάλληλος και κοιτάζει την Κατερίνα. «**Είστε τυχερή**, δεσποινίς, γιατί ο νεαρός από 'δώ είναι καλό παιδί.»
«Μα τι λέει;» ρωτάει η Κατερίνα.
«Είναι λίγο τρελός.»
«**Είναι απίστευτο**» λέει η Κατερίνα γελώντας «αλλά όταν είμαι μαζί σου, συναντώ συνέχεια τρελούς.»

Πέτρος Δαβαράκης

Η Άννα Βαρδή μένει λίγο έξω από τη Χαλκίδα, στην **καταπράσινη** Εύβοια. Έχει πολλή ησυχία σ' αυτό το όμορφο μέρος, μακριά από την πόλη και από την **κίνηση.**
«Λοιπόν, σας αρέσει;» ρωτάει η Άννα.
Η τραγουδίστρια είναι στον κήπο της με τον Μανόλη και την Κατερίνα. Απέναντί τους έχουν τη θάλασσα και τα βουνά της Βοιωτίας.
«Είναι πολύ όμορφα» απαντάει η Κατερίνα. «Είσαι τυχερή που μένεις εδώ.»
«Είναι αλήθεια. Σ' αυτό το μέρος μπορώ να σκέφτο-

είμαι τυχερός όλα πάνε καλά στη ζωή μου
είναι απίστευτο δεν μπορεί να είναι αλήθεια
καταπράσινη πολύ πράσινη
κίνηση πολλά αυτοκίνητα στους δρόμους

μαι μόνο τη μουσική μου. Ελάτε να δείτε. Λοιπόν, εδώ είναι η γάτα μου η Ασπασία και εδώ ο σκύλος μου ο Περικλής. Είναι πάντα μαζί.»
Ο Μανόλης και η Κατερίνα βλέπουν όλο το σπίτι. Δεν λένε τίποτε ακόμα για τη συναυλία στο θέατρο ΡΕΞ και τον **μυστηριώδη** Α.Μ.
«Θα πιείτε έναν καφέ;» ρωτάει η τραγουδίστρια.
«Εγώ ναι, ευχαριστώ» λέει η Κατερίνα. «Αλήθεια... περιμένεις κανέναν;»
«Όχι, γιατί;»
«Έρχεται ένα αυτοκίνητο.»
Μια κόκκινη Μερσεντές μπαίνει στον κήπο. Την οδηγεί ένας άντρας με άσπρο παντελόνι και μαύρο πουκάμισο. Είναι ο Πέτρος Δαβαράκης, ο **μάνατζερ** της τραγουδίστριας.
«Γεια σου Άννα» λέει γρήγορα «μπορώ να σου μιλήσω;»
«Βέβαια αλλά πρέπει να περιμένεις λίγο. Έχω μια συνέντευξη τώρα.»
«Άκουσέ με, Άννα. Αν δεν κάνεις τις συναυλίες, χάνουμε οχτακόσιες χιλιάδες» συνεχίζει ο Δαβαράκης.
«Καταλαβαίνω αλλά τι μπορώ να κάνω; Φοβάμαι! Φοβάμαι πολύ! Εκείνος ο τύπος χθες στη συναυλία είναι **επικίνδυνος**.»
«Ποιος; Ο Α.Μ.;»
«Ναι. Αυτός.»

μυστηριώδης γεμάτος μυστήριο
μάνατζερ αυτός που βρίσκει δουλειά σ' έναν τραγουδιστή
επικίνδυνος που μπορεί να κάνει κακό

«Ίσως εμείς **γνωρίζουμε** αυτόν τον Α.Μ.» λέει ο Μανόλης.

«Ναι; Και ποιος είναι;»

«Ο Αλέξανδρος Μακρής, ένας ηλικιωμένος καθηγητής.»

«Ο Α.Μ. υπάρχει μόνο στη φαντασία σας» απαντάει ο Δαβαράκης.

«Κάνεις λάθος» λέει η Άννα. «Ο Α.Μ. υπάρχει και είναι ένας άντρας ψηλός και λεπτός. Και είναι και πολύ επικίνδυνος. Λέει ότι...»

«...αν τραγουδήσεις ξανά, θα πεθάνεις.»

«Είναι τρομερό.»

«Άκουσε» λέει ο Δαβαράκης. «Θα ζητήσουμε από την αστυνομία να βρίσκεται σε όλες τις συναυλίες σου.»

«Κι εδώ; Εγώ ζω μόνη μου σ' αυτό το σπίτι. Ο Α.Μ. μπορεί να έρθει τη νύχτα...»

«Θα έχουμε κι εδώ έναν αστυνομικό.»

«**Μας συγχωρείτε**» λέει η Κατερίνα. «Ο Μανόλης κι εγώ πάμε μια βόλτα εδώ γύρω. Θα έρθουμε αργότερα για τη συνέντευξη. Εντάξει, Άννα;»

«Εντάξει, θα τα πούμε μετά.»

Όταν η Κατερίνα και ο Μανόλης γυρίζουν μια ώρα αργότερα, η Άννα Βαρδή και ο Πέτρος Δαβαράκης μιλάνε ακόμα. Μιλάνε για τα ίδια πράγματα, τον Α.Μ., τις συναυλίες, τα λεφτά.

«Λοιπόν, θα την κάνουμε τη συνέντευξη;» ρωτάει η

γνωρίζω ξέρω
με/μας συγχωρείτε συγνώμη

Κατερίνα.
«Ναι, θα την κάνουμε.»
«Εγώ φεύγω» λέει ο Δαβαράκης. «Είναι αργά, πρέπει να γυρίσω στην Αθήνα.»
Μπαίνει στο αυτοκίνητό του. Πριν **ξεκινήσει,** λέει: «Καταλαβαίνω ότι φοβάσαι, Άννα. Αλλά αν δεν κάνεις αυτές τις συναυλίες, χάνουμε πολλά λεφτά. Κι εσύ κι εγώ.»

Οι ακροατές παίρνουν τηλέφωνο

«ΕΛΛΗΝΙΚΟ ΤΡΑΓΟΥΔΙ ΣΤΑ FM. Καλημέρα από την Αθήνα, καλημέρα από τον σταθμό σας. Καλημέρα κι από την Κατερίνα που **διαλέγει** μουσική για σας.»
Είναι η ώρα δέκα, το επόμενο πρωί. Όπως κάθε μέρα, η Κατερίνα αρχίζει την εκπομπή της.
«Σήμερα ο καιρός δεν είναι καλός. Βρέχει. Γι' αυτό, λέω ν' ακούσουμε ένα τραγούδι της Μαριλένας:
'Σήμερα δεν έχω τον ήλιο μέσα μου...'
«Και τώρα θα ήθελα την προσοχή σας. Όπως ξέρετε, η Άννα Βαρδή δε δίνει πια συναυλίες. Στη συνέντευξη που θ' ακούσετε μας λέει γιατί. Ακούστε προσεκτικά, γιατί λέει πολύ **σημαντικά** πράγματα, πιστεύω.»
Οι **ακροατές** ακούνε τη συνέντευξη που πήρε η Κατερίνα από την Άννα Βαρδή την προηγούμενη

ξεκινάω (-ώ) *(υποτακτική: να ξεκινήσω)* αρχίζω να κάνω κάτι
διαλέγω παίρνω ένα ανάμεσα σε πολλά
σημαντικός σπουδαίος
ακροατής αυτός που ακούει κάτι στο ραδιόφωνο

μέρα. Η τραγουδίστρια μιλάει για τον μυστηριώδη Α.Μ. και γιατί φοβάται να τραγουδήσει. Μόλις τελειώνει η συνέντευξη, πολλοί παίρνουν τηλέφωνο.
«Εμπρός; Μ' ακούτε; Είμαι ο Αντώνης.»
«Γεια σου, Αντώνη. Σ' ακούμε.»
«Να... νομίζω ότι δεν είναι σωστό. Δεν μπορεί αυτός ο Α. Μ. να **τρομάζει** τον κόσμο, μόνο και μόνο επειδή δεν του αρέσει αυτή η μουσική.»
«Συμφωνώ» λέει η Κατερίνα. «Όμως νομίζεις ότι αυτός ο Α.Μ. είναι πραγματικά επικίνδυνος;»
«Δεν ξέρω. Μπορεί να είναι ή μπορεί νά' ναι άρρωστος.»
«Ευχαριστώ, Αντώνη.»
'Σήμερα δεν έχω τον ήλιο μέσα μου...'
«Και τώρα θέλω να ρωτήσω κάτι» λέει η Κατερίνα. «Γνωρίζει κανείς από σάς τον καθηγητή Αλέξανδρο Μακρή; Γιατί ρωτάω; Γιατί μπορεί ο καθηγητής κάτι να ξέρει για τον Α.Μ.»
'Σήμερα δεν έχω τον ήλιο μέσα μου...'
«Εμπρός;... Ναι;... ;»
«Εε... με λένε Σπύρο. Σπύρο Νικολάου. Μπορώ να μιλήσω;»
«Βεβαίως. Τι θέλεις να μας πεις, Σπύρο;»
«Έχω ένα μεγάλο πρόβλημα. Δε μ' αγαπάει κανένας.»

τρομάζω κάνω κάποιον να φοβάται

«Καταλαβαίνω, Σπύρο αλλά...»
«Θέλω να μιλήσω με την κυρία Μαραγκού, την **ψυχίατρο.**»
«Λυπάμαι αλλά εδώ είναι ο ραδιοφωνικός σταθμός ΕΛΛΗΝΙΚΟ ΤΡΑΓΟΥΔΙ ΣΤΑ FM. Δεν υπάρχει καμιά ψυχίατρος εδώ.»
«Ω! Συγνώμη. Ίσως πήρα λάθος.»
«Δεν πειράζει.»
Το τηλέφωνο χτυπάει πάλι.
«Παρακαλώ;»
«Δε θέλω να πω το όνομά μου.»
«Σύμφωνοι αλλά γιατί τηλεφωνείς;»
«Ξέρω πού μένει ο καθηγητής.»
«Α, ναι; Πού μένει;»
«Στην οδό Λέκκα 17.»
«Και πώς ξέρεις τη διεύθυνσή του; Είσαι φίλος του;»
«Δεν μπορώ να μιλήσω τώρα. Γεια.»
«Παράξενος κόσμος μας παίρνει τηλέφωνο σήμερα» λέει η Κατερίνα. «Ο επόμενος στη γραμμή μας. Παρακαλώ;»
«Εμπρός; Είμαι ο Σπύρος Νικολάου.»
«Α ναι, ο Σπύρος. Και δε σ' αγαπάει κανένας;»
«Κανένας.»
«Ε λοιπόν εμείς εδώ στο ΕΛΛΗΝΙΚΟ ΤΡΑΓΟΥΔΙ ΣΤΑ FM σ' αγαπάμε. Γι' αυτό σε λίγο θα παίξουμε ένα τραγούδι για σένα.»

ψυχίατρος γιατρός για ανθρώπους
με ψυχολογικά προβλήματα

Οδός Λέκκα 17

Στις εννιά το βράδυ, η Κατερίνα και ο Μανόλης βρίσκονται στην οδό Λέκκα, που είναι ένας μικρός δρόμος στο κέντρο της Αθήνας.
«Εδώ είναι» λέει ο Μανόλης. «Να το 17. Να και τ' όνομά του: Αλέξανδρος Μακρής.»
Η Κατερίνα χτυπάει το κουδούνι της μονοκατοικίας κι έπειτα από λίγο ακούνε μια φωνή πίσω από την πόρτα.
«Ποιος είναι; Η Άννα Μαραγκού, η γιατρός;»
«Όχι, δεν είμαι η γιατρός. Με λένε Κατερίνα.»
«Αυτή την ώρα έρχεται πάντα η κυρία Μαραγκού. Δεν ανοίγω.»
«Είναι η δεύτερη φορά σήμερα που ακούω γι' αυτή την ψυχίατρο» λέει η Κατερίνα στον Μανόλη.
«Τι θέλεις να πεις; Ποια είναι αυτή η γιατρός;»
«Δεν ξέρω. Μίλα εσύ.»
«Καλά» λέει ο Μανόλης. «Κύριε καθηγητά! Είμαι ο νεαρός από το δισκάδικο. Θυμάστε;»
«Εκείνος με τη σάλτσα;»
«Ακριβώς. Μπορούμε να σας μιλήσουμε;»
«Όχι. Δεν θέλω να μιλήσω με κανένα!»
«Μερικές ερωτήσεις μόνο.»
«Τι ερωτήσεις;»
«Πρέπει να μιλήσουμε για κάποια πράγματα. Δεν

μπορούμε να μείνουμε εδώ έξω. Σας παρακαλώ.»
«Καλά. Ελάτε.»
Ο καθηγητής ανοίγει την πόρτα. Το σπίτι του είναι μικρό: ένα υπνοδωμάτιο, κουζίνα και μπάνιο.
«Λοιπόν; Τι ερωτήσεις θέλετε να μου κάνετε;»
«Θέλουμε να σας ρωτήσουμε αν γνωρίζετε τον Α.Μ.»
«Λυπάμαι αλλά δε γνωρίζω τίποτε.»
«Πάτε όμως στις συναυλίες της Άννας Βαρδή.»
«Ναι, πάω. Μ' αρέσουν τα τραγούδια της και πάω στις συναυλίες της.»
«Τότε ποιος νομίζετε ότι έριξε τα χαρτιά χθες στη συναυλία;»
«Δε θέλω να μιλήσω γι' αυτό το πράγμα. Εσείς δεν μπορείτε να καταλάβετε. Έχω πολλά προβλήματα κι είμαι **γέρος**. Είναι άσχημο όταν είσαι γέρος...»
Ο καθηγητής **βάζει τα κλάματα**. Η Κατερίνα και ο Μανόλης δεν ξέρουν τι να κάνουν.
«Συγνώμη, δεν είναι τίποτε» λέει ο Αλέξανδρος Μακρής έπειτα από λίγο. «Απλώς πρέπει να πιω κάτι.»

γέρος πολύ μεγάλος στα χρόνια
βάζω τα κλάματα αρχίζω να κλαίω

Νέο Κύμα

Ο καθηγητής είναι τώρα πιο ήρεμος. Μιλάει με την Κατερίνα και τον Μανόλη ενώ πίνει αργά ένα ποτήρι κρασί.
«Είναι αλήθεια ότι είστε μουσικός;» τον ρωτάει η κοπέλα.
«Ναι αλλά δεν γράφω πια μουσική. Θέλετε ν' ακούσετε μερικά παλιά μου τραγούδια;»
«Βέβαια» απαντάει χαρούμενα η Κατερίνα.
Ο καθηγητής βάζει έναν δίσκο από βινύλιο. Η Κατερίνα και ο Μανόλης ακούνε.
«Σας αρέσει; Είναι μουσική που τότε λέγαμε 'Νέο Κύμα'.»
«Είναι πολύ ωραίο. Αλλά γιατί δεν παίζετε πια;»
«Οι καιροί αλλάζουν. Σήμερα στον κόσμο της μουσικής αποφασίζουν άλλοι κι εγώ θέλω να είμαι ελεύθερος. Κι έπειτα έχω και προβλήματα.»
«Τι προβλήματα;» ρωτάει ο Μανόλης.
«Οι γιατροί στην **κλινική** λένε ότι δεν είμαι καλά.»
«Η κυρία Μαραγκού είναι ψυχίατρος;»
«Ναι, και έρχεται συχνά να δει πώς είμαι. Τώρα όμως δεν θέλω να μιλήσουμε γι' αυτό το θέμα. Αν θέλετε κι άλλες πληροφορίες, μπορείτε να διαβάσετε τον **φάκελο** που έγραψαν στην κλινική. Είναι εκεί πάνω.»

κλινική νοσοκομείο

φάκελος

«Ευχαριστώ» λέει ο Μανόλης. Παίρνει τον φάκελο και διαβάζει:

*Ο Αλέξανδρος Μακρής γεννήθηκε το 1946 στην Αθήνα. Σπουδάζει πιάνο, πρώτα στην Αθήνα και μετά στην Ιταλία, όπου παίζει με διάφορες ορχήστρες. Όταν γυρίζει στην Ελλάδα, παίζει με μια μικρή ορχήστρα και αρχίζει να γράφει τραγούδια. Το 1971 κυκλοφορεί ο πρώτος του δίσκος και σε λίγο καιρό τα τραγούδια του γίνονται πολύ γνωστά. Παράλληλα, δίνει **ιδιαίτερα μαθήματα** πιάνου. Στις 3 Απριλίου του '75, σε μια συναυλία στον Βόλο, βάζει τα κλάματα και λέει ότι δεν μπορεί πια να παίζει μουσική γιατί φοβάται ότι θα πεθάνει. Τον Μάρτιο του '77 μπαίνει για πρώτη φορά στην κλινική. Έπειτα από λίγους μήνες **ξαναδίνει** μία συναυλία αλλά η μουσική του δεν είναι πια η ίδια. Ο κόσμος δεν αγοράζει πια τους δίσκους του και σε λίγα χρόνια μένει χωρίς δουλειά και χωρίς λεφτά. Το '85 μπαίνει πάλι στην κλινική. Σήμερα έχει ακόμα κάποια ιδιαίτερα μαθήματα πιάνου. Του αρέσει να τον λένε "κύριο καθηγητή".*

Όταν ο Μανόλης και η Κατερίνα φεύγουν από το σπίτι του καθηγητή, είναι αρκετά αργά.

«Λοιπόν, τι λες; Είναι αυτός ο Α.Μ.;»

«Δεν ξέρω. Αλλά αν είναι αυτός, δεν είναι πολύ επικίνδυνος» λέει ο Μανόλης. «Τώρα είμαι πολύ κουρασμένος και δεν μπορώ να σκεφτώ. Πάμε για ύπνο.»

ιδιαίτερο μάθημα μάθημα με ένα μαθητή
ξαναδίνω δίνω πάλι

ΜΕΡΟΣ ΤΡΙΤΟ

«Όχι» στη ρύπανση

Λίγες εβδομάδες μετά, στον ραδιοφωνικό σταθμό η Κατερίνα διαβάζει τις ειδήσεις:
«Και σήμερα στην Αθήνα δεν κυκλοφορούν αυτοκίνητα στο κέντρο γιατί έχει πολύ **νέφος**. Από προχθές κυκλοφορούν μόνο τα λεωφορεία, τα ταξί και τα **μηχανάκια.** Αύριο το απόγευμα, η Οικολογική Ένωση Αθήνας οργανώνει μια γιορτή ενάντια στη **ρύπανση** και σας **προσκαλεί** όλους.»
'Γιατί θέλεις λιμουζίνα, για να τρέχεις στην Αθήνα...'
«Και τώρα μια σημαντική είδηση» συνεχίζει η Κατερίνα. «Μετά από πολύ καιρό, η Άννα Βαρδή θα ξανατραγουδήσει. Η Άννα είναι εδώ μαζί μου για μια καινούργια συνέντευξη. Εσείς, όπως πάντα, μπορείτε να μας παίρνετε τηλέφωνο και να κάνετε τις ερωτήσεις σας.»
'Γιατί θέλεις λιμουζίνα, για να τρέχεις στην Αθήνα...'
«Λοιπόν, Άννα, πώς είσαι;»
«Είμαι καλά, ευχαριστώ και είμαι πολύ χαρούμενη γιατί αύριο το βράδυ θα ξανατραγουδήσω μπροστά στον κόσμο.»
«Είναι κάπως διαφορετική αυτή η συναυλία, έτσι;»
«Ναι, θα τραγουδήσω στο Πεδίο του Άρεως μετά την

νέφος βρώμικο σύννεφο πάνω από μια πόλη
μηχανάκι μικρή μοτοσυκλέτα
ρύπανση όταν ο αέρας, η θάλασσα κτλ. γίνονται βρώμικα από τα αυτοκίνητα, τα πλοία κτλ.
προσκαλώ λέω σε κάποιον να έρθει στο σπίτι μου ή κάπου μαζί μου

γιορτή. Θέλω κι εγώ να πω 'όχι' στη ρύπανση.»
«Γιατί;»
«Μα είναι απλό. Στις πόλεις μας υπάρχουν πολλά αυτοκίνητα. Στην Αθήνα σχεδόν κάθε οικογένεια έχει ένα αυτοκίνητο και πολλές έχουν δύο. Αυτό σημαίνει ρύπανση.»
«Κατάλαβα. Δουλεύεις κι εσύ για την Οικολογική Ένωση Αθήνας;»
«Βέβαια.»
«Θέλεις να μας πεις δυο λόγια γι' αυτή την Ένωση;»
«Είμαστε απλοί **πολίτες** που δεν θέλουμε πια τα πολλά αυτοκίνητα και τη ρύπανση. Θέλουμε να δούμε τα παιδιά να παίζουν πάλι στους δρόμους.»
«Ναι αλλά τι μπορούμε να κάνουμε γι' αυτό;»
«Πρέπει να μάθουμε να χρησιμοποιούμε το λεωφορείο και το ποδήλατο για να πηγαίνουμε στη δουλειά, στο σχολείο, στο πανεπιστήμιο, παντού.»
«Αν κατάλαβα καλά, η Ένωση θέλει την πόλη μας χωρίς αυτοκίνητα.»
«Το κέντρο, ναι. Γι' αυτό, αύριο το απόγευμα θα είμαστε όλοι στη μεγάλη **διαδήλωση** από την Ομόνοια ώς το Πεδίο του Άρεως.»
«Στο Πεδίο του Άρεως θα δώσεις και τη συναυλία σου, έτσι δεν είναι;»
«Ναι. Θα 'ναι μια μεγάλη γιορτή με πολλή, πολλή μουσική.»

πολίτης αυτός που μένει σε μια πόλη
ή σε μία χώρα

διαδήλωση

«Θα ήθελα να θυμίσω ότι εδώ κι έναν μήνα δεν τραγουδάς, επειδή κάποιος Α.Μ. θέλει **να** σε **σκοτώσει**. Δε φοβάσαι πια;»

«Φοβάμαι αλλά, Κατερίνα μου, όταν υπάρχουν μεγάλα προβλήματα όπως η ρύπανση ή το κυκλοφοριακό, ο καλλιτέχνης πρέπει να βοηθάει. Και ο μάνατζέρ μου, ο Πέτρος Δαβαράκης, συμφωνεί.»

«Είναι πολύ ωραίο αυτό που λες. Νομίζω ότι μπορούμε ν' ακούσουμε τώρα τι λέει ο κόσμος. Πρώτα όμως κάποιες διαφημίσεις.»

'Τρως καλά, πληρώνεις λίγα. «Το Νόστιμο Πιάτο», στην οδό Σαλαμίνας 111. Η δική σου ταβέρνα.'

'Σας αρέσουν τα σπορ; Σας αρέσει να περπατάτε; Τότε αγοράστε αθλητικά παπούτσια ΑΦΙΛΑ, τα παπούτσια που φοράνε οι πρωταθλητές.'

Ο Μανόλης γίνεται ρεπόρτερ

'Σήμερα έχουμε λιακάδα σε όλη τη χώρα, η θάλασσα είναι ήρεμη και η θερμοκρασία στην Αθήνα είναι 22 βαθμοί.'

Είναι τα τελευταία νέα για τον καιρό από το ΕΛΛΗΝΙΚΟ ΤΡΑΓΟΥΔΙ ΣΤΑ FM. Η ώρα είναι πέντε

σκοτώνω *(υποτακτική: να σκοτώσω)*
παίρνω τη ζωή από έναν άνθρωπο

και σε λίγο η πόλη θα είναι έτοιμη για τη μεγάλη διαδήλωση.
«Κυρίες και κύριοι, καλησπέρα από την Κατερίνα. Όπως ξέρετε, μετά από τρεις μέρες χωρίς αυτοκίνητα στην πόλη μας, ο κόσμος θα βγει στους δρόμους για να πει «όχι» στην ατμοσφαιρική ρύπανση, «όχι» στο νέφος. Ο ρεπόρτερ μας, ο Μανόλης Ανδρεαδάκης, είναι στο μικρόφωνο. «Μανόλη, μ' ακούς;»
«Ναι, Κατερίνα. Σ' ακούω καλά.»
«Ωραία. Πού βρίσκεσαι αυτή τη στιγμή;»
«Βρίσκομαι στην Ομόνοια. Η διαδήλωση αρχίζει μόλις τώρα. Έχει πολύ κόσμο στην πλατεία, μπορεί και είκοσι χιλιάδες άτομα.»
«Πες μου, Μανόλη. Μπορείς να πάρεις συνέντευξη από κάποια άτομα;»
«Βέβαια. Μπορώ να μιλήσω τώρα αμέσως με μια κοπέλα. Γεια σου. Πώς σε λένε;»
«Με λένε Βάσω.»
«Πόσω χρονών είσαι, Βάσω;»
«Δεκαοχτώ.»
«Και γιατί είσαι εδώ σήμερα;»
«Δεν είμαι μόνο εγώ αλλά όλη η οικογένειά μου, ακόμα και η γιαγιά μου που είναι 74 χρονών. Ξέρεις, μένουμε στην οδό Αγίου Μελετίου. Αυτό

σημαίνει ότι πρέπει να έχουμε τα παράθυρα κλειστά, επειδή έχει πολύ θόρυβο και νέφος. Δεν πάει άλλο.»
«Σ' ευχαριστώ. Μπορούμε ν' ακούσουμε τώρα την κυρία Ελένη. Καλησπέρα. Είστε κι εσείς εδώ για να πείτε 'όχι' στα αυτοκίνητα στο κέντρο της πόλης μας;»
«Ακριβώς. Η ρύπανση μας σκοτώνει όλους. Πρέπει να κάνουμε κάτι πριν είναι πολύ αργά.»
«Σας ευχαριστούμε.»
Ο Μανόλης συνεχίζει.
«Αυτή τη στιγμή περνάνε οι φοιτητές της αρχιτεκτονικής. Πίσω τους βλέπω φοιτητές από άλλες σχολές.»
Μετά από δύο ώρες, η διαδήλωση φτάνει στο Πεδίο του Άρεως.
«Τώρα είμαστε στο Πεδίο του Άρεως. Εδώ στις οχτώ και μισή αρχίζει η συναυλία της Άννας Βαρδή.»
«Με συγχωρείς Μανόλη, είμαι η Κατερίνα. Έχουμε ένα τηλεφώνημα.»
«Εντάξει, Κατερίνα.»
Η Κατερίνα απαντάει:
«ΕΛΛΗΝΙΚΟ ΤΡΑΓΟΥΔΙ ΣΤΑ FM, παρακαλώ.»
«Αν η Άννα Βαρδή δε θέλει να πεθάνει, δεν πρέπει να τραγουδήσει απόψε. Είμαι ο Α.Μ.»

Ανώνυμος Μουσικός

Είναι οχτώ και μισή το βράδυ. Στο Πεδίο του Άρεως πάνω από είκοσι χιλιάδες άτομα περιμένουν ν' αρχίσει η συναυλία της Άννας Βαρδή. Εκεί βρίσκονται και ο Μανόλης με την Κατερίνα.

«Πώς πάει;» τον ρωτάει

«Καλά, νομίζω. Δεν είναι εύκολο να κάνεις ρεπορτάζ τόσες ώρες. Αλλά είμαι ευχαριστημένος τώρα.»

«Λοιπόν,» λέει η Κατερίνα χαμογελώντας «ξέρεις κάτι; Η φωνή σου από το ραδιόφωνο είναι πολύ ωραία.»

«Θες να πεις πως όταν δε μιλάω στο ραδιόφωνο, η φωνή μου είναι άσχημη;»

«Καθόλου. Έλα, πάμε κοντά στη **σκηνή,** σε λίγο αρχίζει η συναυλία. Περιμένω αυτή τη στιγμή ένα μήνα τώρα.»

Η Κατερίνα και ο Μανόλης προχωράνε μέσα απ' τον κόσμο.

«Έχει πολλή αστυνομία» λέει ο Μανόλης.

«Ναι, ήρθαν μετά το τελευταίο τηλεφώνημα. Εγώ φοβάμαι λίγο.»

«Έλα, τώρα. Δεν υπάρχει κανένας κίνδυνος.»

Εκείνη τη στιγμή βγαίνει η Άννα Βαρδή και χαιρετάει τον κόσμο. Η ορχήστρα αρχίζει να παίζει, η τραγουδίστρια παίρνει το μικρόφωνο και... ξαφνικά ένα δυνατό

σκηνή το μέρος πάνω στο οποίο παίζει μια ορχήστρα

άσπρο φως πέφτει πάνω της μαζί με ένα δυνατό «μπαμ».

Η μουσική σταματάει και ο κόσμος στην πλατεία μένει σιωπηλός. Η Άννα Βαρδή πέφτει κάτω. Οι μουσικοί τρέχουν γύρω της. Φτάνει και ο Πέτρος Δαβαράκης, ο μάνατζερ της τραγουδίστριας, αλλά κανένας δεν ξέρει τι να κάνει. Τελικά, δύο αστυνομικοί τη σηκώνουν και την πάνε πίσω από τη σκηνή.

«Κοίτα, ο καθηγητής!» φωνάζει η Κατερίνα.

«Πάλι; Μα τότε...»

«Έλα. Πρέπει να του μιλήσουμε τώρα.»

Ο καθηγητής κρατάει μια μαύρη τσάντα και τρέχει προς τη σκηνή.

«Κύριε Μακρή, τι κάνετε εδώ;» ρωτάει ο Μανόλης.

«Δεν έχω τώρα χρόνο» απαντάει ο γέρος. «Είκοσι πέντε χρόνια τώρα περιμένω αυτή τη στιγμή.»

Η Κατερίνα κοιτάζει τον Μανόλη.

«Τι σημαίνει αυτό;»

«Δεν ξέρω. Αυτό που θέλω να καταλάβω είναι γιατί αυτός ο άνθρωπος **είναι** πάντα **παρών** όταν γίνεται κάτι.»

Η Κατερίνα και ο Μανόλης ακολουθούν τον καθηγητή και σε λίγο φτάνουν πίσω από τη σκηνή. Η Άννα Βαρδή **είναι** ακόμα **ξαπλωμένη** αλλά αισθάνεται καλύτερα. Κοντά της είναι δύο αστυνομικοί και ο

είμαι παρών είμαι εδώ

είμαι ξαπλωμένος

μάνατζερ Πέτρος Δαβαράκης. Ο καθηγητής ανοίγει την τσάντα του και βγάζει κάτι χαρτιά.
«Ξέρετε τι είναι αυτά;» ρωτάει.
«Τα χαρτιά του Α.Μ.» απαντάει ο Μανόλης.
«Σωστά. Και πού βρίσκονται; Στην τσάντα του Πέτρου Δαβαράκη.»
Όλοι κοιτάζουν τον μάνατζερ της τραγουδίστριας.
«Αυτός ο άνθρωπος είναι τρελός» λέει ο Δαβαράκης.
«Όχι, δεν είμαι τρελός» απαντάει ο καθηγητής Μακρής. «Κοιτάξτε: αυτό είναι ένα **συμβόλαιο** με μια **ασφαλιστική εταιρεία**. Βλέπετε τι λέει; Αν η Άννα Βαρδή δεν κάνει άλλες συναυλίες, ο Δαβαράκης χάνει τη δουλειά του, κι έτσι παίρνει πεντακόσιες χιλιάδες από την ασφαλιστική εταιρεία.»
«Θέλω να δω αυτό το συμβόλαιο» λέει η τραγουδίστρια.
Ο καθηγητής Αλέξανδρος Μακρής δίνει το συμβόλαιο στην Άννα Βαρδή. Η τραγουδίστρια το διαβάζει και μετά κοιτάζει τον Πέτρο Δαβαράκη.
«Γιατί, Πέτρο;»
Ο Πέτρος Δαβαράκης δεν απαντάει. Περνάει ένα **ατελείωτο** λεπτό και τελικά:
«Είναι αλήθεια, ο Α.Μ είμαι εγώ» λέει. «Τώρα όμως πρέπει να φύγω. Θα μιλήσω μόνο μπροστά στον δικηγόρο μου.»

συμβόλαιο γραπτή συμφωνία
ασφαλιστική εταιρεία εταιρεία που σου δίνει λεφτά αν πάθεις κάτι
ατελείωτος που δεν τελειώνει ποτέ

Η ίδια ιστορία

Δέκα λεπτά αργότερα.

«Ναι αλλά εσείς κύριε Μακρή, πώς ξέρατε για το συμβόλαιο;» ρωτάει ο Μανόλης.
«Είναι μια μεγάλη ιστορία.»
«Δε θα μας την πείτε;»
«Όλα αρχίζουν το 1970, όταν ο Πέτρος Δαβαράκης ήταν ο μάνατζέρ μου. Ο Δαβαράκης εκείνη την εποχή είναι νέος και συμπαθητικός. Ξέρει να μιλάει με τον κόσμο και οργανώνει **καταπληκτικές** συναυλίες.»
«Και μετά;»
«Όλα πάνε πολύ καλά. Ύστερα, μια μέρα αρχίζουν να έρχονται σημειώματα από κάποιον μυστηριώδη 'Ανώνυμο Μουσικό'.»
«Όπως τα σημειώματα που έπαιρνε η Άννα;»
«Ακριβώς. Κι εγώ, όπως η Άννα, αρχίζω να φοβάμαι πολύ. Και σταματάω να παίζω. Αλλά χωρίς μουσική, χωρίς τραγούδια, χωρίς συναυλίες δεν αισθάνομαι καλά, είμαι δυστυχισμένος.»
«Έτσι αρχίζουν και τα ψυχολογικά προβλήματα, ε;»
«Ναι. Αρχίζω λοιπόν να μπαίνω και να βγαίνω στις κλινικές ενώ ο Δαβαράκης γίνεται πλούσιος. Για πολλά χρόνια δεν έχω νέα του. Έπειτα, πριν από ένα μήνα, πηγαίνω στη συναυλία της Άννας Βαρδή. Μ'

καταπληκτικός πολύ καλός

αρέσουν τα τραγούδια της γιατί έχουν κάτι από τα παλιά. Εκείνο το βράδυ βλέπω τα σημειώματα του Α.Μ. και αρχίζω να σκέφτομαι. Μετά, διαβάζω στην εφημερίδα ότι τον μάνατζερ της Άννας Βαρδή τον λένε Πέτρο Δαβαράκη και καταλαβαίνω ότι ανάμεσα στον Δαβαράκη και στον Α.Μ. πρέπει να υπάρχει κάποια σχέση.»

«Και τι κάνετε;»

«Αρχίζω να **παρακολουθώ** τον Δαβαράκη αλλά δεν γίνεται τίποτε. Απόψε όμως, όταν η Άννα Βαρδή κι αυτός έφτασαν στο Πεδίο του Άρεως για τη συναυλία, είδα ότι άφησαν το αυτοκίνητο ανοιχτό. **Μπαίνω,** λοιπόν, και παίρνω την τσάντα του. Μέσα **βρίσκω** τα χαρτιά, το συμβόλαιο, και καταλαβαίνω τα πάντα.»

«Τώρα όλα είναι **ξεκάθαρα**» λέει η Κατερίνα. «Αυτό το Α.Μ. δε σημαίνει Αλέξανδρος Μακρής αλλά Ανώνυμος Μουσικός. Με αυτή την υπογραφή ο Δαβαράκης τρομάζει τους μουσικούς. Κι έτσι, όταν αυτοί σταματήσουν να τραγουδάνε, αυτός παίρνει χρήματα από την ασφαλιστική εταιρεία. Αλήθεια, Άννα, πώς αισθάνεσαι;»

«Καλύτερα» απαντάει η Άννα και πάει κοντά στον Αλέξανδρο Μακρή.

«Σας ευχαριστώ πολύ για τη βοήθειά σας» του λέει. «Όμως είπατε ότι είστε μουσικός. Τι μουσική παίζετε;»

παρακολουθώ πηγαίνω πίσω από κάποιον να δω τι κάνει
μπαίνω έρχομαι/πάω μέσα
βρίσκω βλέπω να υπάρχει κάτι που θέλω
ξεκάθαρο πολύ εύκολο να το καταλάβεις

«Μμ... θέλετε ν' ακούσετε ένα τραγούδι από εκείνη την εποχή;»
«Τώρα; Εδώ;»
«Γιατί όχι; Υπάρχει πιάνο, υπάρχει και το κοινό που περιμένει. Εσείς δεν είστε καλά ακόμα. Αρχίζω εγώ.»

Ένα τραγούδι από μια άλλη εποχή

Ένας ηλικιωμένος μουσικός παίζει πιάνο στο Πεδίο του Άρεως. Χιλιάδες άνθρωποι ακούνε ένα τραγούδι που έρχεται από μια άλλη εποχή. Κάποιοι παρακολουθούν σιωπηλά, κάποιοι, πιο μεγάλοι, αρχίζουν να **σιγοτραγουδούν**:

> *Ο δρόμος είχε τη δική του ιστορία,*
> *κάποιος την έγραψε στον τοίχο με **μπογιά**.*
> *Ήταν μια λέξη **μοναχά**, «ελευθερία»,*
> *κι έπειτα είπαν πως την έγραψαν παιδιά...'*

σιγοτραγουδώ τραγουδώ σιγά
μπογιά χρώμα
μοναχά μόνο

ΑΣΚΗΣΕΙΣ

ΜΕΡΟΣ ΠΡΩΤΟ

Κατερίνα σελ. 9

Α. Σωστό (Σ) ή λάθος (Λ);

1. Η Κατερίνα δουλεύει σ' έναν ραδιοφωνικό σταθμό.
2. Η Άννα Βαρδή είναι τραγουδίστρια.
3. Η Αθηνά θα πάει στη συναυλία με δυο φίλους της.
4. Το βράδυ η Άννα Βαρδή θα πάει στο στούντιο για μια συνέντευξη.

Β. Βάλτε τα ρήματα στον σωστό τύπο.

«(λέω) _____ , παρακαλώ.»
«Καλημέρα. Με (λέω) _____ Γιώργο.»
«Καλημέρα, Γιώργο. Τι (κάνω) _____ ;»
«Καλά, ευχαριστώ. Μπορώ να (λέω) _____ κάτι για τις τραγουδίστριες, γενικά;»
«Βέβαια. Σ' (ακούω) _____ , Γιώργο.»
«Λοιπόν, θέλω να (λέω) _____ ότι οι ελληνίδες τραγουδίστριες (είμαι) _____ πολύ καλές αλλά... δεν (έχω) _____ πάθος.»
«Εντάξει, Γιώργο. Ευχαριστώ.»

Γ. Βάλτε τα παρακάτω στη σωστή σειρά.

— «Γεια σου, Αθηνά. Από πού παίρνεις;»
— «Με ποιον θα πας στη συναυλία;»
— «Ναι, δε θέλουμε άντρες απόψε μαζί μας.»
— «Γεια σας. Είμαι η Αθηνά.»
— «Απ' την Πάτρα. Δε συμφωνώ με τον Γιώργο. Πολλές τραγουδίστριες έχουν πάθος. Η Άννα Βαρδή, για παράδειγμα, τραγουδάει με πολλή ζωντάνια και τα τραγούδια της είναι πολύ ωραία. Γι' αυτό, απόψε θα πάω στη συναυλία της.»
— «Ναι;»
— «Μόνο γυναίκες;»
— «Με δυο φίλες μου.»

Μανόλης   σελ. 12

Α. Σωστό (Σ) ή λάθος (Λ);

1. Η Κατερίνα έχει μεγάλα, μαύρα μάτια.
2. Ο Μανόλης είναι από την Αθήνα.
3. Ο Μανόλης δουλεύει σ' ένα δισκάδικο.
4. Ο Μανόλης θα πάει στη συναυλία το βράδυ.
5. Η Κατερίνα θέλει μια μπίρα ΜΥΘΟΣ.
6. Το κοκκινιστό πέφτει πάνω στην Κατερίνα.

Β. Γράψτε για την Κατερίνα και τον Μανόλη.

	Κατερίνα	Μανόλης
1. Από πού είναι;		
2. Τι δουλειά κάνει;		
3. Πώς είναι;		

Γ. Βάλτε στα κενά τα ρήματα που λείπουν.

«Με _____ Μανόλη. Εσένα;»

«Κατερίνα.»

«_____ απ' την Αθήνα;»

«Ναι.»

«Εγώ _____ απ' την Κρήτη. Απ' τα Χανιά. _____ σ' ένα δισκάδικο.»

«Σ' _____ η δουλειά σου;»

«Ναι αλλά _____ πολλές ώρες.»

Κατερίνα και Μανόλης   σελ. 9 και σελ. 12

Α. Διαλέξτε το σωστό.

1. «ΕΛΛΗΝΙΚΟ ΤΡΑΓΟΥΔΙ ΣΤΑ FM. Καλημέρα σε όλους (μας/σας/τους) απ' την Κατερίνα. Η ώρα είναι δέκα το πρωί (στον / από την / στην) Αθήνα.»

2. Η Κατερίνα είναι (η/μια/ένα) κοπέλα 22 χρονών. (Κάνει/Είναι/Παίζει) παραγωγός σ' έναν ραδιοφωνικό σταθμό.

3. «(Απόψε / χτες / πριν δύο μέρες) η Άννα Βαρδή (παίρνει/δίνει/τραγουδάει) μια συναυλία στο θέατρο REX.»

4. (Στη/Στις/Στους) μία και μισή η Κατερίνα (πηγαίνει/έρχεται/μιλάει) για φαγητό στην οδό Εμμανουήλ Μπενάκη. Όπως (συχνά/πάντα/ποτέ) αυτή την ώρα η ταβέρνα έχει (λίγο/έναν/πολύ) κόσμο. Ένας νεαρός (με/για/από) μαύρα μαλλιά κάθεται σ' ένα τραπέζι (κάτω/πάνω/δίπλα) στο παράθυρο. (Είναι/Έχει/Φεύγει) μόνος. Η θέση απέναντί του είναι (ελεύθερη/αυτή/μικρή).

5. «Μπορώ να καθίσω (εκεί/δίπλα/εδώ);» ρωτάει η Κατερίνα. «(Βεβαίως / Ευχαριστώ / Δεν πειράζει)» απαντάει ο νεαρός.

Ένα περίεργο σημείωμα   σελ. 15

Α. Σωστό (Σ) ή λάθος (Λ);

1. Η Άννα Βαρδή δεν μπορεί να πάει στον σταθμό για τη συνέντευξη.
2. Ο άντρας με το κράνος είναι θαυμαστής της.

Β. *Διαλέξτε το σωστό.*

Το απόγευμα η Κατερίνα είναι στον (σταθμό/σπίτι/ραδιόφωνο). Περιμένει την Άννα Βαρδή για την (ομιλία/συναυλία/συνέντευξη). Αλλά η (τραγουδίστρια/καθηγήτρια/παραγωγός) τηλεφωνεί και λέει ότι το αυτοκίνητό της (ήρθε/έφυγε/χάλασε). Εκείνη τη στιγμή έρχεται κοντά ένας άντρας που φοράει (κράνος/φόρμα/κραγιόν). Της δίνει ένα (κουτί/σημείωμα/βιβλίο) που λέει: «Φτάνει πια η (καλή/κακή/παλιά) μουσική».

Γ. *Βάλτε τα παρακάτω στη σωστή σειρά.*

— «Κοίτα, βρίσκομαι έξω από τη Χαλκίδα, στην Εθνική Οδό. Δεν μπορώ να βρω ταξί εδώ.»

— «Εγώ είμαι. Τι κάνεις, Άννα;»

— «Γιατί δεν παίρνεις ένα ταξί;»

— «Τότε, θα κάνουμε τη συνέντευξη απόψε, μετά τη συναυλία. Εντάξει;»

— «Έχω ένα πρόβλημα. Δε μπορώ νά 'ρθω το απόγευμα στον σταθμό γιατί χάλασε το αυτοκίνητό μου.»

— «Ναι; Είμαι η Άννα Βαρδή. Μπορώ να μιλήσω με την Κατερίνα;»

— «Εντάξει.»

Στο δισκάδικο

σελ. 16

Α. Σωστό (Σ) ή λάθος (Λ);

1. Τα δυο αγόρια με τα κοντά μαλλιά θέλουν το ίδιο βινύλιο.
2. Ο ηλικιωμένος κύριος λέει τον Μανόλη «παλιόπαιδο».
3. Στον ηλικιωμένο κύριο δεν αρέσει η μουσική πανκ.
4. Ο καθηγητής αγοράζει ένα CD με παλιά τραγούδια του Μάνου Χατζιδάκι.

Β. *Βάλτε τα ρήματα στο σωστό πρόσωπο του ενεστώτα.*

«_____ (έχω) το τελευταίο CD του Αλκιβιάδη;»
_____ (ρωτάω) ένα δεκαπεντάχρονο κορίτσι.
«Του Αλκιβιάδη;» _____ (ρωτάω) ο Μανόλης.
«Ποιος _____ (είμαι) αυτός; Δεν τον _____ (ξέρω).»
«Τον Αλκαίο θέλει να _____ (λέω)» λέει μια φίλη της.
«Όχι, όχι, Αλκίνοος είναι. Αλκίνοος Ιωάννου»
_____ (λέω) μια άλλη.
«Πώς τον _____ (λέω) τελικά;» ρωτάει ο Μανόλης αλλά τα κορίτσια δεν _____ (απαντάω).

Γ. Βάλτε τα γράμματα που λείπουν.

Στο μαγαζί είναι δύο αγόρι____ ντυμέν____ στα μαύρα με κοντ____ μαλλιά. Θέλουν να αγοράσουν έν____ παλιό βινύλι____ με μουσική "πανκ", το τελευταί____ που υπάρχει.

«Δικ____ μου είναι» λέει τ____ έν____ αγόρ____ .

«Ρε, μαλάκα, σου λέω ότι αυτ____ ο δίσκ____ είναι δικ____ μου. Κατάλαβες;»

Δίπλα τους στέκεται έν____ ηλικιωμέν____ κύρι____ με άσπρ____ μαλλιά και ακούει τ____ καβγά. Ξαφνικά παίρνει τ____ δίσκο και χτυπάει τ____ πρώτ____ αγόρ____ στο κεφάλ____ .

«Φτάνει πια. Κι εσείς κι αυτ____ η άσχημ____ μουσική!» λέει ο κύρι____ .

Η Άννα Βαρδή φοβάται σελ. 19

Α. Σωστό (Σ) ή λάθος (Λ);

1. Ο Μανόλης και η Κατερίνα είναι στο θέατρο REX και περιμένουν ν' αρχίσει η συναυλία της Άννας Βαρδή.
2. Ο Μανόλης λέει στην Κατερίνα για τον καθηγητή Μακρή.
3. Η Άννα Βαρδή λέει ότι δε θα τραγουδήσει γιατί δεν έχει αυτοκίνητο.

4. Ο Μανόλης δε νομίζει ότι ο Μακρής είναι τρελός.
5. Η Άννα Βαρδή αρχίζει να τραγουδάει στις 9.30.

Κεφάλαια 1 - 5

Α. *Βάλτε τα σωστά άρθρα.*

____ Κατερίνα είναι ____ κοπέλα 22 χρονών. Είναι παραγωγός σ____ ραδιοφωνικό σταθμό ΕΛΛΗΝΙΚΟ ΤΡΑΓΟΥΔΙ ΣΤΑ FM και σ____ δέκα η ώρα αρχίζει ____ δουλειά της. ____ Μανόλης είναι ____ νεαρός από ____ Κρήτη. Δουλεύει σ' ____ δισκάδικο. Σ____ εννιά και μισή το βράδυ ____ Μανόλης και ____ Κατερίνα πάνε σ____ συναυλία της Άννας Βαρδή που είναι ____ πολύ γνωστή τραγουδίστρια. Σ____ θέατρο έχει πολύ κόσμο. ____ κόσμος περιμένει ν' αρχίσει ____ συναυλία αλλά από ψηλά πέφτουν σ' όλο ____ θέατρο πολλά χαρτιά. ____ χαρτιά λένε: «Φτάνει πια ____ κακή μουσική!».

Αλέξανδρος Μακρής

Α. *Σωστό (Σ) ή λάθος (Λ);*

1. Ο Μανόλης θέλει έναν καφέ και η Κατερίνα έναν χυμό.
2. Ο Μανόλης πιστεύει ότι ο καθηγητής και ο Α. Μ. είναι ο ίδιος άνθρωπος.

3. Η Κατερίνα πηγαίνει πάλι στο θέατρο να βρει την Άννα Βαρδή.
4. Ο Μανόλης θέλει να πάει στη Χαλκίδα με την Κατερίνα.

ΜΕΡΟΣ ΔΕΥΤΕΡΟ

Στον σταθμό του τρένου
σελ. 23

Α. Σωστό (Σ) ή λάθος (Λ);

1. Ο Μανόλης θέλει να πάει στην Αθήνα.
2. Ο υπάλληλος δε θέλει να βγάλει δύο εισιτήρια γιατί ο Μανόλης είναι μόνος.
3. Ο υπάλληλος θέλει να του δώσει πίσω λεφτά.
4. Ο υπάλληλος ξέρει ότι η Άννα Βαρδή είναι τραγουδίστρια.
5. Η Κατερίνα δεν έρχεται στον σταθμό.

Β. Βάλτε τα παρακάτω στη σωστή σειρά.

— «Γιατί σε λίγο θα έρθει μια φίλη μου.»
— «Δώστε μου δύο εισιτήρια. Είμαι σίγουρος ότι η Κατερίνα θα έρθει σε λίγο.»
— «Δύο για Χαλκίδα, παρακαλώ. Με επιστροφή.»
— «Τη λένε και Κατερίνα... Έχω κι εγώ μια φίλη με

το ίδιο όνομα που δεν έρχεται ποτέ στα ραντεβού της. Εσύ είσαι παιδί ακόμα και δεν τις ξέρεις καλά αυτές τις Κατερίνες...»
— «Γιατί δύο αφού είσαι μόνος;»
— «Είσαι σίγουρος; Το τρένο για Χαλκίδα φεύγει σε δέκα λεπτά και η φίλη σου μάλλον δε θα έρθει.»

Πέτρος Δαβαράκης   σελ. 25

Α. Σωστό (Σ) ή λάθος (Λ);

1. Η Άννα Βαρδή μένει στη Χαλκίδα, στο κέντρο.
2. Η Άννα Βαρδή δε δίνει πια συναυλίες γιατί φοβάται.
3. Ο Πέτρος Δαβαράκης λέει ότι η Άννα Βαρδή δεν πρέπει να ξανατραγουδήσει.

Β. Βάλτε τα ρήματα στο σωστό πρόσωπο του ενεστώτα.

Ένα πρωί ο Μανόλης και η Κατερίνα _____ (παίρνω) το τρένο και _____ (πάω) στο σπίτι της Άννας Βαρδή, στη Χαλκίδα. Η τραγουδίστρια _____ (μένω) σ' ένα σπίτι έξω από την πόλη. Ο Μανόλης και η Κατερίνα _____ (βλέπω) το σπίτι.

Σε λίγο έρχεται ο Πέτρος Δαβαράκης, ο μάνατζερ της τραγουδίστριας. «Αν δεν _____ (κάνω) συναυλίες,» λέει στην Άννα «εσύ κι εγώ _____ (χάνω) οχτακόσιες χιλιάδες.» Μετά η Κατερίνα _____ (παίρνω) συνέντευξη από την Άννα. Η τραγουδίστρια λέει ότι δεν _____ (θέλω) πια να _____ (δίνω) συναυλίες, γιατί _____ (φοβάμαι) τον μυστηριώδη Α.Μ.

Οι ακροατές παίρνουν τηλέφωνο σελ. 28

Α. Σωστό (Σ) ή λάθος (Λ);

1. Οι ακροατές ακούνε μια συνέντευξη της Βαρδή.
2. Ο Σπύρος Νικολάου ξέρει πού μένει ο καθηγητής.
3. Ο καθηγητής μένει στην Αθήνα, στην οδό Λέκκα 17.

Β. Συμπληρώστε τον διάλογο.

«Εμπρός...; Ναι...;»
«Εε... με _____ . Σπύρο. Σπύρο Νικολάου. _____ να μιλήσω;»
«Βεβαίως. Τι _____ να μας πεις;»
«Έχω ένα μεγάλο _____ . Δεν μ' αγαπάει _____ .»
«Καταλαβαίνω, Σπύρο, αλλά...»
«Θέλω να _____ με την κυρία Μαραγκού. Την ψυχίατρο.»
«_____ αλλά εδώ είναι ο ραδιοφωνικός

σταθμός ΕΛΛΗΝΙΚΟ ΤΡΑΓΟΥΔΙ ΣΤΑ FM.
Δεν υπάρχει _____ γιατρός ή ψυχίατρος εδώ.»
«Ω! _____ . Ίσως πήρα λάθος.»

Οδός Λέκκα 17

Α. Σωστό (Σ) ή λάθος (Λ);

1. Η Κατερίνα και ο Μανόλης πάνε να βρούνε την ψυχίατρο.
2. Στον καθηγητή δεν αρέσει καθόλου η μουσική της Άννας Βαρδή.
3. Ο καθηγητής λέει ότι δεν ξέρει τίποτε για τον Α.Μ.

Β. Βάλτε το σωστό άρθρο.

Σ _____ εννιά το βράδυ _____ Κατερίνα και _____ Μανόλης βρίσκονται σ_____ οδό Λέκκα, που είναι _____ μικρός δρόμος σ_____ κέντρο.

_____ Κατερίνα χτυπάει _____ κουδούνι και _____ καθηγητής ανοίγει _____ πόρτα. _____ σπίτι του είναι μικρό: _____ υπνοδωμάτιο, _____ μικρή κουζίνα και μπάνιο.

Γ. *Πού είναι το λάθος;*

«Εδώ είναι» λέει ο Μανόλης. «Να το 17. Να και τ' όνομά της, Αλέξανδρος Μακρής.» Η Κατερίνα χτυπάει το κουδούνι κι έπειτα από λίγο ακούνε μια φωνή πίσω από την πόρτα.

«Ποιος είναι; Η Άννα Μαραγκού, η γιατρός;»

«Όχι, δεν είμαι η γιατρός. Με λέγομαι Κατερίνα.»

«Αυτή η ώρα έρχεται πάντα η κυρία Μαραγκού. Δεν ανοίξω.»

«Είναι η δεύτερη φορά σήμερα που ακούω γι' αυτή την ψυχίατρο» λέει η Κατερίνα.

«Τι θέλεις να λες; Ποια είναι αυτός η γιατρός;»

«Δεν ξέρω. Μίλα εσύ.»

«Καλά» λέει η Μανόλης. «Κύριε καθηγητά! Είμαι ο νεαρός από το δισκάδικο. Σας θυμάμαι;»

Νέο Κύμα   σελ. 34

Α. *Σωστό (Σ) ή λάθος (Λ);*

1. Ο Αλέξανδρος Μακρής ήταν ένας αρκετά γνωστός μουσικός.
2. Ο καθηγητής έχει ψυχολογικά προβλήματα.

Β. Διαλέξτε το σωστό.

Ο Αλέξανδρος Μακρής (ξέρει/διαβάζει/σπουδάζει) πιάνο, πρώτα στην Αθήνα και μετά στην Ιταλία, όπου παίζει με διάφορες ορχήστρες. Όταν (γυρίζει/φεύγει/πάει) στην Ελλάδα, παίζει με μια μικρή ορχήστρα και (αρχίζει/τελειώνει/συνεχίζει) να γράφει τραγούδια. Το 1971 κυκλοφορεί ο πρώτος του δίσκος και σε λίγο καιρό τα τραγούδια του (γνωρίζουν/μένουν/γίνονται) πολύ γνωστά. Στις 3 Απριλίου του '75, σε μια συναυλία στον Βόλο, (παίζει/κλαίει/βάζει) τα κλάματα και λέει ότι δεν (μπορεί/ξέρει/θυμάται) πια να παίζει μουσική γιατί φοβάται ότι θα πεθάνει. Τον Μάρτιο του '77 (βγαίνει/μπαίνει/έρχεται) για πρώτη φορά στην κλινική. Έπειτα από λίγους μήνες (ξαναπαίρνει/ξαναδίνει/ξαναπάει) μια συναυλία αλλά η μουσική του δεν είναι πια η ίδια. Ο κόσμος δεν (βλέπει/τρώει/αγοράζει) πια τους δίσκους του και σε λίγα χρόνια μένει χωρίς δουλειά και χωρίς λεφτά.

ΜΕΡΟΣ ΤΡΙΤΟ

« Όχι» στη ρύπανση

Α. Σωστό (Σ) ή λάθος (Λ) ;

1. Εδώ και τρεις μέρες στην Αθήνα δεν κυκλοφορούν ούτε λεωφορεία, ούτε ταξί, ούτε μηχανάκια.

2. Η Άννα Βαρδή θα δώσει μια συναυλία για να πει «όχι» στη ρύπανση.

3. Στην Αθήνα έχει νέφος και ρύπανση γιατί υπάρχουν πολλά αυτοκίνητα.

4. Η Οικολογική Ένωση Αθήνας είναι μια γνωστή ορχήστρα.

Β. *Βάλτε τα ρήματα στον σωστό τύπο.*

1. Λίγες εβδομάδες μετά, στον ραδιοφωνικό σταθμό η Κατερίνα (διαβάζω) _____ τις ειδήσεις :
«Και σήμερα στην Αθήνα δεν (κυκλοφορώ) _____ αυτοκίνητα στο κέντρο γιατί (έχω) _____ πολύ νέφος. Αύριο το απόγευμα, η Οικολογική Ένωση Αθήνας (οργανώνω) _____ μια γιορτή ενάντια στη ρύπανση και σας (προσκαλώ) _____ όλους.»

2. «Και τώρα μια σημαντική είδηση. Μετά από πολύ καιρό, η τραγουδίστρια Άννα Βαρδή θα (ξανατραγουδώ) _____ . Η Άννα είναι εδώ μαζί μου για μια καινούργια συνέντευξη.
Εσείς, όπως πάντα, (μπορώ) _____ να μας (παίρνω) _____ τηλέφωνο και να (κάνω) _____ τις ερωτήσεις σας.»

3. «Λοιπόν, Άννα, πώς (είμαι) _____ ;»
«Είμαι καλά, ευχαριστώ και είμαι πολύ χαρούμενη, γιατί αύριο το βράδυ θα (ξανατραγουδώ)

_____ μπροστά στον κόσμο.»
«Είναι κάπως διαφορετική αυτή η συναυλία, έτσι;»
«Ναι, θα (τραγουδώ) _____ στο Πεδίο του Άρεως μετά τη γιορτή. Θέλω κι εγώ...»

Γ. Διαλέξτε τις σωστές λέξεις.

τραγουδίστρια - τραγούδι - μουσική - θόρυβος - διαδήλωση - γιορτή - δρόμους - οικογένεια - ρύπανση - λεωφορείο - αυτοκίνητα - αεροπλάνα - ποδήλατο - μαθήματα - κόσμος - πολίτες - χρησιμοποιούμε - σχολεία

Στις πόλεις μας υπάρχουν πολλά _____ . Στην Αθήνα σχεδόν κάθε _____ έχει και από ένα. Αυτό σημαίνει _____ . Εμείς οι απλοί _____ πρέπει να μάθουμε να _____ το _____ και το _____ . Η Οικολογική Ένωση Αθήνας θέλει το κέντρο της Αθήνας χωρίς αυτοκίνητα. Θέλει να δει τα παιδιά να παίζουν πάλι στους _____ .
Γι' αυτό οργανώσαμε για αύριο το απόγευμα μια μεγάλη _____ από την Ομόνοια ώς το Πεδίο του Άρεως. Εκεί μετά την εκδήλωση θα τραγουδήσει η Άννα Βαρδή, η γνωστή _____ . Θέλει κι αυτή να πει «όχι» στη ρύπανση. Θα είναι μια μεγάλη _____ με πολλή, πολλή _____ .

Ο Μανόλης γίνεται ρεπόρτερ σελ. 38

Α. Σωστό (Σ) ή λάθος (Λ);

1. Η Κατερίνα βρίσκεται στο κέντρο μαζί με τον Μανόλη για τη διαδήλωση.
2. Ο Μανόλης παίρνει συνέντευξη από διάφορα άτομα.
3. Η συναυλία είναι στην Ομόνοια.
4. Κάποιος παίρνει τηλέφωνο στον σταθμό και λέει πως είναι ο Α.Μ.

Β. Διαλέξτε το σωστό.

«Κυρίες και κύριοι, καλησπέρα από την Κατερίνα Όπως ξέρετε, ο κόσμος (να/θα/μα) βγει στους δρόμους για να πει 'όχι' στο νέφος. Ο ρεπόρτερ μας, ο Μανόλης Ανδρεαδάκης, είναι στο μικρόφωνο. Μανόλη, (σ'/μ'/τους) ακούς;»

«Ναι, Κατερίνα. (Σ'/Μ'/Την) ακούω καλά.»

«Ωραία. (Πώς/Πότε/Πού) βρίσκεσαι αυτή τη στιγμή;»

«Βρίσκομαι στην Ομόνοια.»

Γ. Βάλτε τα παρακάτω στη σωστή σειρά.

— «Γεια σου. Πώς σε λένε;»
— «Δεκαοχτώ.»
— «Δεν είμαι μόνο εγώ αλλά όλη η οικογένειά μου,

ακόμα και η γιαγιά μου που είναι 74 χρονών.»
— «Και γιατί είσαι εδώ σήμερα;»
— «Πόσων χρονών είσαι, Βάσω;»
— «Με λένε Βάσω.»

Ανώνυμος Μουσικός σελ. 41

Α. Σωστό (Σ) ή λάθος (Λ);

1. Η Άννα Βαρδή λέει στον κόσμο ότι δε θα τραγουδήσει απόψε.
2. Στη συναυλία είναι και ο Αλέξανδρος Μακρής.
3. Μετά το «μπαμ» η Άννα Βαρδή αρχίζει να τραγουδάει.
4. Ο καθηγητής είχε τη μαύρη τσάντα στο αυτοκίνητό του.
5. Ο Α.Μ. και ο Πέτρος Δαβαράκης είναι το ίδιο πρόσωπο.

Η ίδια ιστορία σελ. 44

Α. Σωστό (Σ) ή λάθος (Λ);

1. Ο καθηγητής γνωρίζει τον Πέτρο Δαβαράκη.
2. Η Άννα Βαρδή δεν τραγουδάει γιατί θέλει να πάρει λεφτά από την ασφαλιστική εταιρεία.

Β. Βάλτε τις σωστές καταλήξεις.

Το 1970 ο Πέτρος Δαβαράκης είναι ο μάνατζερ του Αλέξανδρου Μακρή. Ο Δαβαράκης εκείνη την εποχ_____ είναι νέ_____ και συμπαθητικ_____ . Ξέρει να μιλάει στον κόσμ_____ και οργανώνει καταπληκτικές συναυλί_____ . Όλα πάνε πολύ καλά. Ύστερα, μια μέρ_____ ο καθηγητ_____ αρχίζει να παίρνει σημειώματ_____ από κάποιον μυστηριώδη «Ανώνυμο Μουσικ_____ ». Φοβάται πολύ και σταματάει να παίζει. Αλλά χωρίς μουσικ_____ , χωρίς τραγούδι_____, χωρίς συναυλί_____ δεν αισθάνεται καλά, είναι δυστυχισμέν_____ . Και ο Δαβαράκης; Αυτός γίνεται πλούσι_____ .

ΛΕΞΙΛΟΓΙΑ

VOCABULARY

ακροατής, ο listener
αντέχω to bear, to endure
ασφαλιστική εταιρεία, η insurance company
ατελείωτος endless
βάζω τα κλάματα to burst into tears
βγαίνω to go/come out
βρίσκω to find
γελάω (-ώ) to laugh
γέρος, ο old man
γνώμη, η opinion
γνωρίζω to know
δεκαπεντάχρονο fifteen-year-old
δημοσιογράφος, ο/η journalist
διαδήλωση, η demonstration
διαλέγω to choose
διάσημος famous
διαφήμιση, η advertisement // commercial
δισκάδικο, το record shop
είμαι ερωτευμένος to be in love
είμαι ντυμένος to be dressed
είμαι ξαπλωμένος to lie down
είμαι παρών to be present

είμαι τυχερός to be lucky
είναι απίστευτο it's unbelievable
εντός inside
επαναλαμβάνω to repeat
επικίνδυνος dangerous
ζωντάνια, η energy, liveliness
ηλικιωμένος aged, old
θαυμαστής, ο fan, admirer
θέση, η seat
ιδιαίτερο μάθημα, το private lesson
καταπληκτικός fantastic
καταπράσινο all green
κίνηση, η traffic
κοκκινιστό with tomato sauce
κράνος, το helmet
κυκλοφορώ to circulate, to go around
κυλάω to go by
λόγια, τα words
μαζεύονται they gather
μάνατζερ, ο/η manager, agent
μας συγχωρείτε forgive us, excuse us
με επιστροφή (with) return

μεταδίδω to broadcast
μηχανάκι, το small motorcycle
μοναχά only
μπαίνω to go/come in
μπογιά paint
μυστηριώδης mysterious
νέφος, το smog, air pollution
ξαναδίνω to give again
ξεκάθαρο clear
ξεκινάω (-ώ) to start off
παλιόπαιδο, το naughty/wicked boy
παραγωγός, ο producer
παρακολουθώ to follow, to shadow
πάσης φύσεως of all kinds
περιπέτεια, η adventure
πέφτω to fall
πολίτης, ο citizen
προσκαλώ to invite
πρωταθλητής, ο champion
ρύπανση, η pollution
σερβιτόρος, ο waiter

σημαντικός important
σημείωμα, το note
σιωπηλός silent
σκηνή, η stage
σκοτώνω to kill
συμβόλαιο, το contract
συναντώ to meet
συναυλία, η concert
συνέντευξη, η interview
τραγουδίστρια, η singer
τρελός mad
τρομάζω to scare
υπογραφή, η signature
φάκελος, ο file, dossier
φασαρία, η noise
φωνάζω κάποιον to call someone
χαιρετάω (-ώ) to greet
χάλασε it's not working
χαμογελάω (-ώ) to smile
χτυπάω (-ώ) to hit, to knock // to ring
κλινική, η clinic
ψυχίατρος, ο/η psychiatrist

VOCABULAIRE

ακροατής, ο auditeur
αντέχω supporter
ασφαλιστική εταιρεία, η société d'assurances
ατελείωτος interminable, très long
βάζω τα κλάματα se mettre à pleurer
βγαίνω sortir
βρίσκω trouver
γελάω (-ώ) rire
γέρος, ο viellard
γνώμη, η opinion
γνωρίζω connaître
δεκαπεντάχρονος de quinze ans
δημοσιογράφος, ο/η journaliste
διαδήλωση, η manifestation
διαλέγω choisir
διάσημος célèbre
διαφημίσεις, οι publicités
δισκάδικο, το magasin de disques
είμαι ερωτευμένος être amoureux
είμαι ντυμένος être vêtu
είμαι ξαπλωμένος être allongé
είμαι παρών être présent
είμαι τυχερός avoir de la chance
είναι απίστευτο c'est incroyable
εντός à l'intérieur
επαναλαμβάνω répéter
επικίνδυνος dangereux
με ζωντάνια d'une façon vivante
ηλικιωμένος âgé
θαυμαστής, ο admirateur
θέση, η place
ιδιαίτερο μάθημα, το cours particulier
καταπληκτικός formidable
καταπράσινος tout vert
κίνηση, η trafic
κοκκινιστό à la sauce tomate
κράνος, το casque
κυκλοφορώ circuler
κυλάω passer
λόγια, τα paroles
μαζεύονται se réunissent
μάνατζερ, ο/η manager, agent
μας συγχωρείτε excusez

nous
με επιστροφή allers-retours
μεταδίδω transmettre
μηχανάκι, το vélomoteur, motocycle
μοναχά seulement
μπαίνω entrer
μπογιά peinture
μυστηριώδης mystérieux
νέφος, το nuage polluant
ξαναδίνω redonner
ξεκάθαρο clair
ξεκινάω (-ώ) démarrer
παλιόπαιδο, το voyou
παραγωγός, ο producteur
παρακολουθώ suivre
πάσης φύσεως de tout genre
περιπέτεια, η aventure
πέφτω tomber
πολίτης, ο citoyen
προσκαλώ inviter
πρωταθλητής, ο champion
ρύπανση, η pollution
σερβιτόρος, ο serveur, garçon
σημαντικός important
σημείωμα, το note, petit mot
σιωπηλός silencieux
σκηνή, η scène
σκοτώνω tuer
συμβόλαιο, το contrat
συναντώ rencontrer
συναυλία, η concert
συνέντευξη, η interview
τραγουδίστρια, η chanteuse
τρελός fou
τρομάζω faire peur, effrayer
υπογραφή, η signature
φάκελος, ο dossier
φασαρία, η bruit
φωνάζω κάποιον appeler quelqun
χαιρετάω (ώ) saluer
χάλασε est en panne
χαμογελάω (-ώ) sourire
χτυπάω (-ώ) sonner // frapper
κλινική, η clinique
ψυχίατρος, ο/η psychiatre

VOKABULAR

ακροατής, ο der Hörer
αντέχω aushalten
ασφαλιστική εταιρεία, η Versicherungs-Gesellschaft
ατελείωτος unendlich
βάζω τα κλάματα in Tränen ausbreche
βγαίνω herauskomme
βρίσκω finden
γελάω (-ώ) lachen
γέρος, ο der Alte, der Greis
γνώμη, η die Meinung
γνωρίζω kennen
δεκαπεντάχρονο fünfzehnjährig
δημοσιογράφος, ο der Journalist
διαδήλωση, η die Demonstration
διαλέγω auswählen
διάσημος berühmt
διαφήμιση, η die Anzeige, die Reklame
δισκάδικο, το das Schallplattengeschäft
είμαι ερωτευμένος ich bin verliebt
είμαι ντυμένος ich bin gekleidet
είμαι ξαπλωμένος ich liege
είμαι παρών ich bin hier
είμαι τυχερός ich habe Glück
είναι απίστευτο es ist unglaublich
εντός in, innerhalb
επαναλαμβάνω wiederholen
επικίνδυνος gefährlich
ζωντάνια, η die Lebenslust, die Lebendigkeit
ηλικιωμένος veraltet, alt
θαυμαστής, ο der Fan
θέση, η der Platz, der Sit
ιδιαίτερο μάθημα, το der Privatunterricht
καταπληκτικός phantastisch
καταπράσινο ganz grün
κίνηση, η (hier) der Verkehr
κοκκινιστό mit Tomatensauce
κράνος, το der Helm
κυκλοφορώ verkehre
κυλάω (hier) vorbeigehe
λόγια, τα die Worte
μαζεύονται sie sammeln sich
μάνατζερ, ο der Manager
μας συγχωρείτε entschuldigen Sie un

με επιστροφή mit Rückfahrt
μεταδίδω übertragen (Rundfunk)
μηχανάκι, το das Moped
μοναχά nur
μπαίνω eintreten, hineintreten
μπογιά, η die Farbe
μυστηριώδης mysteriös
νέφος, το der Smog
ξαναδίνω wiedergeben
ξεκάθαρο klar
ξεκινάω (-ώ) starten, beginnen
παλιόπαιδο, το schlechter Junge
παραγωγός, ο der Produzent
παρακολουθώ verfolgen
πάσης φύσεως aller art
περιπέτεια, η das Abenteuer
πέφτω fallen
πολίτης, ο der Bürger
προσκαλώ einladen
πρωταθλητής, ο der Sieger, der Champion
ρύπανση, η die Verschmutzung
σερβιτόρος, ο der Ober, der Kellner
σημαντικός wichtig
σημείωμα, το die Notiz
σιωπηλός schweigsam
σκηνή, η die Bühne
σκοτώνω töten
συμβόλαιο, το der Kontrakt
συναντώ begegnen
συναυλία, η das Konzert
συνέντευξη, η das Interview
τραγουδίστρια, η die Sängerin
τρελός verrückt
τρομάζω erschrecken
υπογραφή, η die Unterschrift
φάκελος, ο der Briefordner, das Aktenbündel
φασαρία, η der Krach
φωνάζω κάποιον jn. rufen
χαιρετάω (-ώ) grüßen
χάλασε es ist kaputt, es funktioniert nicht
χαμογελάω (-ώ) lächeln
χτυπάω (-ώ) schlagen, klopfen // länten
κλινική, η Klinik
ψυχίατρος, ο der Psychiater

ΛΥΣΕΙΣ

ΜΕΡΟΣ ΠΡΩΤΟ

Κατερίνα σελ. 48

Α. 1. Σ 2. Σ 3. Λ 4. Λ

Β. Λέγετε / λένε / κάνεις / πω / ακούμε / πω / είναι / έχουν

Γ. 3 - 5 - 8 - 2 - 4 - 1 - 7 - 6

Μανόλης σελ. 49

Α. 1. Λ 2. Λ 3. Σ 4. Σ 5. Σ 6. Λ

Γ. λένε / Είσαι / είμαι / Δουλεύω / αρέσει / δουλεύω

Κατερίνα και Μανόλης σελ. 48, 49

Α. 1. σας /στην 2. μια/Είναι 3. Απόψε/δίνει 4. Στη /πηγαίνει /πάντα/πολύ/με /δίπλα/ Είναι / ελεύθερη 5. εδώ / Βεβαίως

Ένα περίεργο σημείωμα σελ. 51

Α. 1. Σ 2. Λ

Β. σταθμό / συνέντευξη / τραγουδίστρια / χάλασε / κράνος / σημείωμα / κακή

Γ. 5 - 2 - 4 - 6 - 3 - 1 - 7

Στο δισκάδικο   σελ. 53

Α. 1. Σ   2. Λ   3. Σ   4. Λ

Β. Έχετε / ρωτάει / ρωτάει / είναι / ξέρω / πει / λέει / λένε / απαντάνε

Γ. αγόρια / ντυμένα / κοντά / ένα / βινύλιο / τελευταίο / Δικό / το / ένα / αγόρι / αυτός / δίσκος / δικός / ένας / ηλικιωμένος / κύριος / άσπρα / τον / τον / το / πρώτο / αγόρι / κεφάλι / αυτή / άσχημη / κύριος

Η Άννα Βαρδή φοβάται   σελ. 54

Α. 1. Σ   2. Σ   3. Λ   4. Λ   5. Λ

Κεφάλαια 1 - 5   σελ. 55

Α. Η / μια / ένα(ν) / στις / τη / Ο / ένας / την / ένα / τις / ο / η / στη / μια / Το / Ο / η / το / Τα / η

Αλέξανδρος Μακρής   σελ. 55

Α. 1. Σ   2. Λ   3. Λ   4. Σ

ΜΕΡΟΣ ΔΕΥΤΕΡΟ

Στον σταθμό του τρένου   σελ. 56

Α. 1. Λ   2. Σ   3. Λ   4. Λ   5. Σ
Β. 3 - 5 - 1 - 6 - 2 - 4

Πέτρος Δαβαράκης σελ. 57

Α. 1. Λ   2. Σ   3. Λ

Β. παίρνουν / πάνε / μένει / βλέπουν / κάνεις / χάνουμε / παίρνει / θέλει / δίνει / φοβάται

Οι ακροατές παίρνουν τηλέφωνο σελ. 58

Α. 1. Σ   2. Λ   3. Σ

Β. λένε / Μπορώ / θέλεις / πρόβλημα / κανένας / μιλήσω / Λυπάμαι / καμιά / Συγνώμη

Οδός Λέκκα 17 σελ. 59

Α. 1. Λ   2. Λ   3. Σ

Β. Στις / η / ο / στην / ένας / στο / Η / το / ο / την / το / ένα / μια

Γ. του / χτυπάει / λένε / την / ανοίγω / πεις / αυτή / Με / θυμάστε

Νέο Κύμα σελ. 60

Α. 1. Σ   2. Σ

Β. σπουδάζει / γυρίζει / αρχίζει / γίνονται / βάζει / μπορεί / μπαίνει / ξαναδίνει / αγοράζει

ΜΕΡΟΣ ΤΡΙΤΟ

«Όχι» στη ρύπανση σελ. 61

Α. 1. Λ   2. Σ   3. Σ   4. Λ

Β. 1. διαβάζει / κυκλοφορούν / έχει / οργανώνει / προσκαλεί

2. ξανατραγουδήσει / μπορείτε / παίρνετε (πάρετε) / κάνετε

3. είσαι / ξανατραγουδήσω / τραγουδήσω

Γ. αυτοκίνητα / οικογένεια / ρύπανση / πολίτες / χρησιμοποιούμε / ποδήλατο / λεωφορείο / δρόμους / διαδήλωση / τραγουδίστρια / γιορτή / μουσική

Ο Μανόλης γίνεται ρεπόρτερ σελ. 64

Α. 1. Λ   2. Σ   3. Λ   4. Σ

Β. θα / μ' / Σ' / Πού

Γ. 1 - 4 - 6 - 5 - 3 - 2

Ανώνυμος Μουσικός σελ. 65

Α. 1. Λ   2. Σ   3. Λ   4. Λ   5. Σ

Η ίδια ιστορία σελ. 65

Α. 1. Σ   2. Λ

Β. εποχή / νέος / συμπαθητικός / κόσμο / συναυλίες / μέρα / καθηγητής / σημειώματα / Μουσικό / μουσική / τραγούδια / δυστυχισμένος / πλούσιος

ΠΕΡΙΕΧΟΜΕΝΑ

ΜΕΡΟΣ ΠΡΩΤΟ

Κατερίνα	9
Μανόλης	12
Ένα περίεργο σημείωμα	15
Στο δισκάδικο	16
Η Άννα Βαρδή φοβάται	19
Αλέξανδρος Μακρής	20

ΜΕΡΟΣ ΔΕΥΤΕΡΟ

Στον σταθμό του τρένου	23
Πέτρος Δαβαράκης	25
Οι ακροατές παίρνουν τηλέφωνο	28
Οδός Λέκκα 17	31
Νέο Κύμα	34

ΜΕΡΟΣ ΤΡΙΤΟ

«Όχι» στη ρύπανση	36
Ο Μανόλης γίνεται ρεπόρτερ	38
Ανώνυμος Μουσικός	41
Η ίδια ιστορία	44
Ένα τραγούδι από μια άλλη εποχή	46
ΑΣΚΗΣΕΙΣ	48

ΛΕΞΙΛΟΓΙΑ

Vocabulary	67
Vocabulaire	69
Vokabular	71
ΛΥΣΕΙΣ ΑΣΚΗΣΕΩΝ	73

Μέθοδος Εκμάθησης Ελληνικών

- ΕΠΙΚΟΙΝΩΝΗΣΤΕ ΕΛΛΗΝΙΚΑ 1 (Αρχάριοι)
  Βιβλίο Σπουδαστή 1
  Βιβλίο Ασκήσεων 1Α
  Βιβλίο Ασκήσεων 1Β
  CD 1

- ΕΠΙΚΟΙΝΩΝΗΣΤΕ ΕΛΛΗΝΙΚΑ 2 (Μέσοι)
  Βιβλίο Σπουδαστή 2
  Βιβλίο Ασκήσεων 2Α
  Βιβλίο Ασκήσεων 2Β
  CD 2

- ΕΠΙΚΟΙΝΩΝΗΣΤΕ ΕΛΛΗΝΙΚΑ 3 (Προχωρημένοι)
  Βιβλίο Σπουδαστή 3 + CD
  Βιβλίο Ασκήσεων 3

- COMMUNICATE IN GREEK FOR BEGINNERS
  (for English speaking learners)
  Course book + CD
  Workbook One
  Workbook Two

Ενίσχυση Ακουστικής Κατανόησης

- ΑΚΟΥ ΝΑ ΔΕΙΣ 1 (Επίπεδο 1)
  Βιβλίο Ασκήσεων + CD

- ΑΚΟΥ ΝΑ ΔΕΙΣ 2 (Επίπεδο 2)
  Βιβλίο Ασκήσεων + CD

- ΑΚΟΥ ΝΑ ΔΕΙΣ 3 (Επίπεδο 3)
  Βιβλίο Ασκήσεων + CD

εκδόσεις **δέλτος**

Μικρές Ιστορίες σε Απλά Ελληνικά

- Ξενοδοχείο Ατλαντίς, παρακαλώ (Επίπεδο 1)
- Ποιος είναι ο Α.Μ.; (Επίπεδο 1)
- Το περίπτερο στην Αριστοτέλους (Επίπεδο 1)
- Έναν Αύγουστο στις Σπέτσες (Επίπεδο 2)
- Η Νίκη και οι άλλοι (Επίπεδο 2)
- Το μοντέλο που ήξερε πολλά (Επίπεδο 3)
- Διακοπές στη Σαντορίνη (Επίπεδο 3)
- Περιπέτεια στη Μάνη (Επίπεδο 4)
- Κανάλι 35 (Επίπεδο 4)
- Το μυστικό του κόκκινου σπιτιού (Επίπεδο 5)

Μυθολογία σε Απλά Ελληνικά

- Οι δώδεκα θεοί του Ολύμπου (Επίπεδο 3)
- Μύθοι (Επίπεδο 3)
- Ήρωες (Επίπεδο 3)

Άλλα βοηθήματα

- Μυστικά Ορθογραφίας
- Οδός Γραμματικής
- Ελληνικά λέξη-λέξη